PRACTICA TU ESPAÑOL
LOS TIEMPOS DE PASADO

Autor: José Emilio Losana
Directora de la colección: Isabel Alonso Belmonte

SOCIEDAD GENERAL ESPAÑOLA DE LIBRERÍA, S. A.

Primera edición, 2006
Reimpresión, 2008

Produce SGEL - Educación
Avda. Valdelaparra, 29
28108 Alcobendas (Madrid)

© José Emilio Losana
© Isabel Alonso Belmonte (Directora de la colección)
© Sociedad General Española de Librería, S. A., 2005
   Avda. Valdelaparra, 29, 28108 Alcobendas (Madrid)

Diseño de cubierta: Cadigrafía, S. L.
Maquetación: Dayo 2000
Ilustraciones: Gabriel Flores
Fotografías: Archivo Sgel y Héctor de Paz
ISBN: 978-84-9778-160-2
Depósito legal: M-22616-2008
Printed in Spain – Impreso en España

Impresión: Service Point S.A.

Queda prohibida, salvo excepción prevista de la ley, cualquier forma de reproducción, distribución, comunica-
ción pública y transformación de esta obra sin contar con la autorización de los titulares de la propiedad inte-
lectual. La infracción de los derechos mencionados puede ser constitutiva de delito contra la propiedad inte-
lectual (Art. 270 y ss. Código Penal). El Centro Español de Derechos Reprográficos (www.cedro.org) vela por el
respeto de los citados derechos.

ÍNDICE

PRESENTACIÓN 5

UNIDAD 1. *Hoy me he levantado muy temprano...*
Usos del pretérito perfecto.. 6

UNIDAD 2. *En 1986 se descubrió una vacuna...*
Usos del pretérito indefinido.. 12

UNIDAD 3. *Siempre me han gustado / me gustaron los idiomas...*
Contraste entre el pretérito perfecto y el pretérito
indefinido 18

UNIDAD 4. *Cuando tenía seis años...*
Usos del pretérito imperfecto 26

UNIDAD 5. *Vi cómo estalló / estallaba un meteorito*
Contraste entre el pretérito indefinido y el pretérito
imperfecto 34

UNIDAD 6. *Cuando llegó a la luna ya había nacido*
Usos del pretérito pluscuamperfecto y contraste
con otros tiempos 44

UNIDAD 7. *Ha dicho que... / Dijo que...*
Usos de los tiempos de pasado para reproducir
las palabras de otras personas 50

UNIDAD 8. *Actividades complementarias (I)*
Uso de los tiempos del pasado de indicativo............... 56

UNIDAD 9. *Actividades complementarias (II)*
Contraste de todos los tiempos del pasado de indicativo...... 64

UNIDAD 10. *Gazapos*
Errores más frecuentes en el uso de los tiempos
de pasado de indicativo... 70

SOLUCIONARIO 77

PRESENTACIÓN

Los tiempos de pasado es un libro de autoaprendizaje de ELE que presenta de manera sencilla las reglas fundamentales que rigen el uso de los tiempos verbales de pasado en español. Está escrito por José Emilio Losana, profesor de español como lengua extranjera en el Instituto Cervantes de Moscú, y se dirige a estudiantes que tienen un nivel intermedio de español (B1). Cada unidad del libro presenta de forma inductiva las diferentes reglas de uso de los tiempos verbales de pasado, a través de numerosos ejemplos y ejercicios de reflexión. Además, se ofrecen un buen número de actividades, muchas de ellas basadas en la explotación de textos reales, interesantes indicaciones sobre cómo evitar los errores más comunes con los tiempos de pasado, y un solucionario final, en el que se encuentran las respuestas a los ejercicios del libro.

Isabel Alonso

HOY ME HE LEVANTADO MUY TEMPRANO...
USOS DEL PRETÉRITO PERFECTO

REFLEXIONA

■ Imagina que un amigo tuyo te está contando sus actividades de hoy:

- Me he levantado muy temprano, a las 7...
- He desayunado muy rápido y me he ido a trabajar...
- Después del trabajo, he hecho las compras y he vuelto a casa...
- Luego he ido a clase de guitarra...

① Ahora contesta a las siguientes preguntas:

	Sí	No
a. Las actividades de las que te habla este amigo tuyo, ¿han terminado?		
b. El periodo de tiempo en el que las actividades se realizan (*hoy*), ¿ha terminado?		

■ A continuación, en base a tus respuestas anteriores, completa la regla de uso del pretérito perfecto, destacando la opción adecuada:

② Se usa el pretérito perfecto para referirse a hechos que han *terminado / no han terminado* en un periodo de tiempo que *ha terminado / no ha terminado* para el hablante.

USOS DEL PRETÉRITO PERFECTO [UNIDAD 1]

Ahora observa estos diálogos:

1. Esta semana no hemos tenido tiempo de ir al cine...

   Pues, ¿sabes? Yo, esta tarde, he visto una película buenísima...

2. Hemos quedado para comer, ¿te vienes?

   Vale, ¿adónde vais?

③ **Y contesta:**

	Sí	No
a. Las actividades de las que se habla en el diálogo n.º 1, ¿tienen alguna relación con el momento presente?		
b. Las actividades de las que se habla en el diálogo n.º 2, ¿tienen alguna relación con el momento presente?		

A continuación, fíjate en las siguientes expresiones:

> *Hoy...*
> *Esta mañana / tarde...*
> *Este lunes / martes...*
> *Esta semana / Este mes...*
> *Hace un momento / un rato...*
> *Ahora...*

hemos estudiado francés.

Son **expresiones temporales** que **algunas veces** acompañan al pretérito perfecto y que relacionan las acciones de las que se habla con el momento presente.

RECUERDA:

- Puede que el hablante no mencione explícitamente el periodo de tiempo en que se realizan las acciones de las que habla, pero éstas siempre están en relación con el momento presente:

  > *–Has adelgazado varios quilos, ¿eh?*
  > *–Sí, ahora me siento mucho mejor.*

[UNIDAD 1] USOS DEL PRETÉRITO PERFECTO

■ Lee ahora estos diálogos de una entrevista de trabajo:

④ Y contesta a estas preguntas:

	Sí	No
a. La persona que hace la entrevista, ¿sabe si la persona entrevistada ha trabajado en equipo o hecho ventas por internet?		
b. ¿Sabe cuándo la persona entrevistada ha trabajado en equipo o ha hecho ventas por internet?		

■ Fíjate en estas otras posibles respuestas de la entrevista de trabajo anterior:

> No, *nunca* he trabajado en equipo...

> *Todavía no* he hecho ventas por internet....

ATENCIÓN:

- Como ves, el hablante utiliza *ya, todavía, nunca, alguna vez* + pretérito perfecto para hablar de actividades que ha realizado o no ha realizado, pero **siempre en relación con el periodo de tiempo presente:**

    Ya (hasta este momento) *he trabajado en equipo.*

    (Hasta este momento) *Todavía no he hecho ventas por internet.*

USOS DEL PRETÉRITO PERFECTO [UNIDAD 1]

PRÁCTICA

1 Y tú, ¿qué has hecho hoy? Escribe frases con las siguientes actividades cotidianas.

ir a trabajar

hacer las compras

ir al cine

ducharse

lavar la ropa

tomar un café

escribir un correo electrónico

salir de casa

hablar por teléfono

levantarse temprano

lavarse los dientes

desayunar

ver la televisión

comer

He ido a trabajar

_____   _____   _____

_____   _____   _____

_____   _____   _____

2 Y ahora, ¿qué cosas has hecho o te han pasado este año? Escribe frases partir de las siguientes ideas:

probar una nueva comida

recibir un regalo sorpresa de alguien

cumplir años

leer un libro muy bueno

hacer un viaje a un lugar nuevo

invitar a cenar a algún/alguna amigo/a

estar de vacaciones

conocer a alguien interesante

He probado el arroz al horno, un plato de Valencia.

_____

_____

_____

_____

_____

_____

_____

[UNIDAD 1] USOS DEL PRETÉRITO PERFECTO

3 ¿Para qué se usa el pretérito perfecto en las siguientes frases? Señala la opción adecuada.

	Actividades terminadas	Actividades realizadas o no
1. He conocido a tu jefe en una reunión.	✓	
2. ¿Ya has conocido a mi jefe?		
3. Nunca he trabajado a tiempo completo.		
4. He trabajado muchísimo esta mañana.		
5. La situación de mi país ha mejorado muchísimo en los últimos años.		
6. Mi país ya ha conocido muy bien lo que es la emigración.		

4 María se va mañana a visitar a su amiga Paloma que vive en Lisboa. Está terminando de preparar su viaje y, como es un poco despistada, ha escrito una lista de cosas que tiene pendientes. Léela y escribe luego qué cosas tiene ya hechas y cuáles no.

Recoger el billete en la agencia
Buscar el bañador
Comprar el diccionario de portugués
Hacer la maleta
¡Meter el regalo para Paloma en la maleta!
Terminar de despedirme de la gente
Cenar con Sebas ♥
Coger el móvil (¡y el cargador!)

Ya ha recogido el billete en la agencia

USOS DEL PRETÉRITO PERFECTO [UNIDAD 1]

5 Una familia ha puesto un anuncio para encontrar un/a acompañante para la abuela de la familia:

URGENTE

Familia busca acompañante para una abuela hiperactiva

Buscamos una persona que acompañe a nuestra abuela. A ella le gusta mucho ver películas indias y comentarlas después con alguien. Le encanta la comida italiana, pero no le gusta cocinar ni comer en restaurantes. Todos los años va de viaje a un lugar exótico. Sus pasatiempos favoritos son jugar a las cartas y apostar dinero. Tiene cuatro gatos persas y necesita ayuda para cuidarlos.

Ofrecemos: incorporación inmediata e interesante remuneración.

Interesados: Llamad al número de teléfono 915 564 668.

Durante una entrevista de trabajo, ¿qué preguntas harías para conocer la experiencia de las personas interesadas en obtener el puesto? Utiliza expresiones del tipo *alguna vez* o *ya* para escribirlas.

¿Has visto alguna vez una película india?

¿Y tú? ¿Cómo responderías a las preguntas de la entrevista? Utiliza expresiones del tipo *alguna vez, ya, todavía no, nunca*, etcétera.

Nunca he visto una película india.

EN 1986 SE DESCUBRIÓ UNA VACUNA...
USOS DEL PRETÉRITO INDEFINIDO

— REFLEXIONA

Imagina que estás escuchando un programa de radio sobre Manuel Patarroyo, médico colombiano que descubrió una vacuna contra la malaria:

...Manuel Patarroyo estudió Medicina en la Universidad Nacional de Bogotá, donde empezó a formar parte de un grupo de investigación. Durante esta época realizó varios viajes a diferentes universidades americanas para ampliar conocimientos. En 1972 fundó en Bogotá un pequeño laboratorio que luego se convirtió en el Instituto de Inmunología del Hospital de San Juan de Dios.

En 1978 comenzó sus trabajos sobre las vacunas y en particular sobre la que prevenía la malaria; en 1986 obtuvo la primera vacuna eficaz contra esta enfermedad. Fue la primera vacuna de la historia desarrollada químicamente. En América Latina se vacunaron 30.000 personas para probar su eficacia y seguridad; los resultados de estas pruebas indicaron que la eficacia del tratamiento oscila entre el 40 y el 60%. Patarroyo se negó luego a comercializar la vacuna y la donó en 1992 a la Organización Mundial de la Salud...

① Ahora contesta a las siguientes preguntas:

	Sí	No
a. Las actividades que realiza Patarroyo a lo largo de su vida, ¿han terminado?		
b. El periodo de tiempo en la que las actividades se realizan, ¿ha terminado?		

USOS DEL PRETÉRITO INDEFINIDO [UNIDAD 2]

■ En base a tus respuestas anteriores, completa la regla de uso del pretérito indefinido, destacando la opción adecuada:

② Se usa el pretérito indefinido para referirse a hechos que *han terminado / no han terminado* en un periodo de tiempo que *ha terminado / no ha terminado* para el hablante.

■ Ahora lee estas otras frases del programa de radio sobre Patarroyo:

- En 2001 tuvo que parar temporalmente sus investigaciones por falta de dinero.
- La semana pasada le visitamos en su laboratorio.
- Patarroyo nos habló de su nuevo proyecto: encontrar una vacuna contra el sida.
- Ayer nos llamó porque al final no puede participar en nuestro programa de radio.

■ Fíjate en las siguientes expresiones:

Ayer
El lunes / martes... pasado
La semana pasada   } le hicimos una entrevista.
El mes / año... pasado
En 1999...

Son **expresiones temporales** que algunas veces acompañan al pretérito indefinido para señalar en qué momento del pasado se realizan las acciones de las que se habla.

[UNIDAD 2] USOS DEL PRETÉRITO INDEFINIDO

PRÁCTICA

1 **Lee este texto sobre otro importante investigador: Jaime Ferrán (1851-1929).**

Jaime Ferrán, médico e investigador español, nace el (1) _____ en Corbera de Ebro, Tarragona. Ferrán estudia en Barcelona, donde se licencia en 1873. Se establece de médico en (2) _____ y se dedica al estudio del tracoma. Conoce después los trabajos de Pasteur y se interesa por la microbiología. Por ello, en 1884 el Ayuntamiento de Barcelona le envía a Marsella para (3) _____. A su regreso continúa sus trabajos hasta que, tras múltiples experiencias, logra (4) _____, ensayada en la epidemia que luego afecta a España, sobre todo a Valencia. El 31 marzo de (5) _____ informa de sus descubrimientos a la Academia de Ciencias de París y Ferrán tiene que defenderse de las duras críticas de varios científicos.

Ferrán es uno de los pocos médicos españoles del siglo XIX que dedicaron sus esfuerzos a la investigación, y a pesar de la importancia de sus descubrimientos, su nombre es más conocido en el extranjero que en España. Muere el 22 de noviembre de 1929 en (6) _____.

2 **Como verás, falta información sobre la vida de Ferrán. Ahora, prepara unas preguntas en pretérito indefinido sobre la información que no tienes.**

1. *¿En qué fecha nació Ferrán?*

2. _____

3. _____

4. _____

5. _____

6. _____

3 **Consulta la información completa sobre la vida de Jaime Ferrán en la página web http://buscabiografias.com para contestar a las preguntas que acabas de escribir.**

1. *Jaime Ferrán nació el 1 de febrero de 1851.*

2. _____

3. _____

4. _____

5. _____

6. _____

USOS DEL PRETÉRITO INDEFINIDO [UNIDAD 2]

4 A continuación te presentamos una noticia sobre una fiesta española: la Tomatina. Consulta en tu diccionario el significado de los siguientes verbos, y luego escribe las formas en pretérito indefinido en el lugar que les corresponde en el texto.

traer / trajo   acudir / acudieron   llenar / llenaron   ser / fue   recorrer / recorrieron   pintar / pintó   organizarse / se organizaron

La Tomatina: una 'tormenta' roja de 120.000 kilos de tomates

EL PAIS.ES | CULTURA *(JAIME SOLER, Valencia)*

Cerca de 120.000 kilos de tomate (1) _____ ayer las calles de Buñol (Valencia) en la popular fiesta de la Tomatina. La batalla de tomates (2) _____ de rojo las calles que (3) _____ seis camiones cargados con estos jugosos proyectiles. Unas 30.000 personas (4) _____ a la cita de la localidad valenciana, muchas de ellas desde los lugares más distantes del planeta. Desde Japón, Canadá o Colombia hasta los países de Europa (5) _____ viajes a la Tomatina, como el de una empresa americana, que (6) _____ a Buñol a colombianos, ingleses, venezolanos, franceses y estadounidenses. El castellano (7) _____ por unas horas, uno más de los idiomas hablados en Buñol.

5 ¿Por qué se usa el pretérito indefinido en la noticia anterior? Selecciona la opción adecuada.

a. La fiesta de la Tomatina *ha terminado / no ha terminado*.

b. Para el periodista, el periodo de tiempo en que tiene lugar la fiesta *ha terminado / no ha terminado*.

[UNIDAD 2] USOS DEL PRETÉRITO INDEFINIDO

6 **Aquí tienes un folleto turístico en el que se resume el desarrollo de la fiesta de la Tomatina en Buñol.**

10.00: llegan los participantes a la plaza del Ayuntamiento.

11.00: se celebra la «cucaña del palo-jabón»*.

12.00: llegan los camiones cargados de tomates y se disparan los cohetes que señalan el inicio de la batalla.

12.00-13.00: se celebra la batalla durante una hora. Cada seis minutos desfila un camión y desde los camiones los miembros de las peñas** lanzan los tomates contra los asistentes.

13.00: se da la señal para acabar la batalla.

14.00: para lavarse, los participantes pueden pasar a las duchas, instaladas por el Ayuntamiento.

14.00-17.00: la organización limpia las calles.

* Concurso que consiste en subir por un poste de madera untado con jabón para coger un jamón como premio.
** Asociaciones que se encargan de organizar y animar las fiestas populares.

Ahora imagina que tienes que escribir la continuación de la noticia sobre la Tomatina. ¿Puedes completarla a partir de las actividades del folleto?

A las diez de la mañana, todos los participantes llegaron en masa a la plaza del Ayuntamiento.

_____

_____

_____

_____

_____

Un año más, la fiesta de la Tomatina transcurrió con normalidad y fue todo un éxito.

ATENCIÓN:

• Necesitarás algunos elementos para cohesionar la noticia, como estos:

luego   después   pero   entonces   al final   más tarde

USOS DEL PRETÉRITO INDEFINIDO [UNIDAD 2]

7 En esta conversación faltan los verbos en infinitivo y las expresiones temporales, ¡pero, cuidado! Estas últimas no siempre son necesarias.

> ¿Qué hicisteis al final ayer?

> __Ø__ (1. Ayer / Ø) *fuimos* (2. ir, nosotros) a ver a Luis a su casa. Está en cama...

> ¿Ah, sí? ¿Qué le pasa?

> _____ (3. El sábado / Ø) _____ (4. caerse, él) mientras esquiaba y _____ (5. romperse, él) una pierna...

> ¿Fuisteis a esquiar el fin de semana?

> Sí, ¿no te acuerdas de que te _____ (6. llamar, nosotros) _____ (7. la semana pasada / Ø) y _____ (8. invitar, nosotros) _____ (9. la semana pasada / Ø) también a ti?

> Pues no me acuerdo...

> Pues sí, te lo _____ (10. proponer, nosotros) _____ (11. el jueves / Ø) y nos _____ (12. decir, tú) que no podías...

> Bueno, y Luis, ¿qué tal se encuentra?

> Ahora está mejor de ánimo, pero desde el accidente _____ (13. del sábado / Ø), no ha parado de pensar en si volverá a poder esquiar...

> ¡Pobre! ¡A ver si le llamo!

> Pues sí, precisamente _____ (14. ayer / Ø) nos _____ (15. preguntar, él) por ti...

SIEMPRE ME HAN GUSTADO / ME GUSTARON LOS IDIOMAS...
CONTRASTE ENTRE EL PRETÉRITO PERFECTO Y EL PRETÉRITO INDEFINIDO

REFLEXIONA

Lee lo que dicen estas personas:

Ángela

Desde pequeña siempre me ha gustado estudiar idiomas y conocer a gente de otros países. En la escuela aprendí inglés (bueno, a decir verdad, sólo lo empecé a hablar realmente cuando vine a vivir a Irlanda) y luego en la universidad conocí a bastantes estudiantes extranjeros que venían becados a España. Nunca me ha dejado de llamar la atención la gente de otros países y culturas. Ahora incluso estoy casada con un holandés... Por cierto, entre nosotros hablamos en español porque él lo habla muy bien.

Eduardo

De pequeño siempre tuve mucha facilidad para los idiomas. En la escuela estudié francés y luego lo aprendí muy bien cuando fui a vivir unos años a Francia con mis padres. Nunca he vuelto a vivir fuera de España, pero todavía recuerdo lo rápido que empecé a hablar francés de niño en Francia. Ahora esto me sorprende porque cuando he ido al extranjero de vacaciones y he tenido que hablar inglés, he tenido dificultades...

1. ¿Con quién relacionas las siguientes afirmaciones?

	Ángela	Eduardo
1. Le parecen atractivas las lenguas y culturas de otros países.	✓	
2. Le resulta difícil hablar inglés.		
3. Ya no vive en Francia.		
4. Vive en Irlanda.		
5. Comenta su facilidad para aprender francés en Francia.		
6. Habla de su etapa de estudiante universitario.		
7. Recuerda su aprendizaje del inglés en la escuela.		

CONTRASTE ENTRE PERFECTO E INDEFINIDO [UNIDAD 3]

② **Señala ahora qué tiempos utilizan Ángela y Eduardo para hablar de...**

	Perfecto	Indefinido
1. La atracción por las lenguas y las culturas de otros países.	✓	
2. La dificultad de hablar inglés.		
3. Vida en Francia.		
4. Vida en Irlanda.		
5. La facilidad para aprender francés en Francia.		
6. La etapa de la universidad.		
7. El aprendizaje del inglés en la escuela.		

▓ **Fíjate otra vez en estas frases:**

1.

Desde pequeña siempre me ha gustado estudiar idiomas...

2.

De pequeño siempre tuve mucha facilidad para los idiomas...

3.

Nunca me ha dejado de llamar la atención la gente de otros países.

4.

...lo aprendí muy bien cuando fui a vivir unos años a Francia.

③ **¿En qué frases el hablante se refiere a un periodo de tiempo aún no terminado para él/ella? ¿Y en qué otras se refiere a un periodo de tiempo ya terminado?**

	Frases número
1. Periodo de tiempo aún no terminado para el hablante.	
2. Periodo de tiempo ya terminado para el hablante.	

[UNIDAD 3] CONTRASTE ENTRE PERFECTO E INDEFINIDO

④ Ahora, en base a tus respuestas anteriores, completa este esquema de uso de los pretéritos perfecto e indefinido con las siguientes frases:

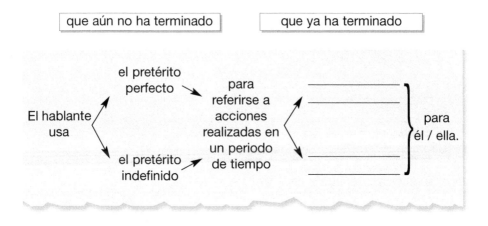

■ Fíjate en las siguientes palabras, que son algunas de las referencias temporales usadas por Ángela y Eduardo:

⑤ Vuelve a leer lo que dicen Ángela y Eduardo y clasifica las referencias temporales de acuerdo con el tiempo que les acompaña:

CONTRASTE ENTRE PERFECTO E INDEFINIDO [UNIDAD 3]

■ Ahora, observa el siguiente esquema sobre el sentido de las expresiones del tipo *desde pequeño/a* y *de pequeño/a*:

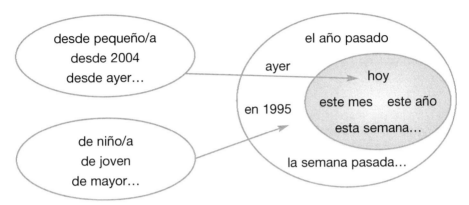

(6) **Según el esquema anterior, completa:**

1. Las acciones acompañadas de expresiones como _____ _____ se sitúan en un periodo de tiempo que dura hasta el momento presente (*hoy, este mes*, etcétera).

2. Las acciones acompañadas de expresiones como _____ _____ se sitúan en un periodo de tiempo ya terminado para el hablante, sin relación con el presente (*el año pasado, ayer*, etcétera).

■ **Observa ahora las siguientes frases:**

1. a. Siempre me ha gustado estudiar idiomas.
   b. Siempre me gustó estudiar idiomas.
2. a. Nunca he tenido problemas con los idiomas.
   b. Nunca tuve problemas con los idiomas.

(7) **A continuación complétalas usando *desde* o *de* + adjetivo (*niño, pequeño, joven...*):**

1. a. *Desde joven* siempre me ha gustado estudiar idiomas.
   b. _____ siempre me gustó estudiar idiomas.
2. a. _____ nunca he tenido problemas con los idiomas.
   b. _____ nunca tuve problemas con los idiomas.

[UNIDAD 3] CONTRASTE ENTRE PERFECTO E INDEFINIDO

■ ¿Qué significado tienen entonces las palabras *siempre* y *nunca* cuando van seguidas de pretérito perfecto o de pretérito indefinido? Relaciona los elementos de cada columna con una flecha:

Siempre o *nunca* + pretérito perfecto	Se refieren a acciones ya terminadas en un periodo de tiempo sin relación con el presente.
Siempre o *nunca* + pretérito indefinido	Se refieren a acciones que siguen estando vigentes en el periodo de tiempo presente en el que nos encontramos.

—PRÁCTICA

1 Imagina que entras en la página de Internet del periódico *El País* y encuentras el siguiente titular sobre la inauguración de una nueva línea de tranvía en Barcelona.

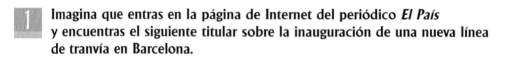

Barcelona se vuelve a subir al tranvía
110.000 ciudadanos colapsan la nueva línea el día de su inauguración.

A continuación te presentamos la noticia en cinco fragmentos. Fíjate en el contenido y escribe los verbos en el tiempo adecuado (pero, ¡atención!, sólo puedes usar un tiempo en cada fragmento). Para elegir el tiempo adecuado, te presentamos al lado algunas preguntas que pueden servirte de ayuda.

(A)
Barcelona _____ (1. recuperar) el tranvía.

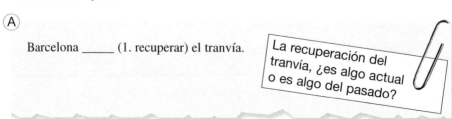

La recuperación del tranvía, ¿es algo actual o es algo del pasado?

CONTRASTE ENTRE PERFECTO E INDEFINIDO [UNIDAD 3]

B

_____ (2. disponer) de él entre 1872 y 1971, pero después _____ (3. ser eliminado) y sólo _____ (4. quedar) en funcionamiento el tranvía azul, que une la parte alta de la ciudad con el funicular que lleva al parque del Tibidabo. El «tranvía azul» es más atracción que modo de transporte. Pero desde hoy hay un tranvía de verdad. (...)

> La historia del tranvía en Barcelona entre 1872 y 1971, ¿es un periodo terminado o no?

C

(...) El anterior Gobierno autonómico de CiU _____ (5. apostar) por el tranvía porque, entre otras ventajas, no era necesaria una inversión inmediata, ya que _____ (6. concederse) a una empresa privada (...)

> El partido político CiU, ¿gobierna todavía o gobernó en el pasado?

D

(...) Y _____ (7. llegar) el día de la verdad: el sábado. A las 12.30 un convoy _____ (8. partir) de Sant Joan Despí hacia Barcelona. Iba lleno de invitados. (...)

> «El sábado», ¿es una referencia actual o pasada?

E

(...) Las pruebas de la nueva línea duran ya dos meses y por el momento _____ (9. haber) 21 accidentes. Dos por causas propias (ligeros descarrilamientos sin víctimas) y 19 como consecuencia de la indisciplina en la circulación: coches, camiones y furgonetas _____ (10. estrellarse) contra el tranvía y dos personas _____ (11. sufrir) heridas graves. (...)

> Las pruebas de la nueva línea, ¿ya han terminado o continúan?

[UNIDAD 3] CONTRASTE ENTRE PERFECTO E INDEFINIDO

2 Lee las siguientes frases relacionadas con la noticia anterior, que incluyen expresiones como *desde, nunca, siempre.* Completa cada una de ellas con el tiempo adecuado y señala también si la información es verdadera (V) o falsa (F).

	A	B
a. Desde 1971 Barcelona solo *ha tenido* (tener) una línea de tranvía.	V	
b. Desde 1872 la línea azul nunca _____ (dejar) de funcionar.		
c. Durante un siglo Barcelona _____ (contar) siempre con una red de tranvías.		
d. Durante los dos meses de prueba la nueva línea nunca _____ (tener) ningún problema.		
e. Entre 1872 y 2004 no _____ (inaugurarse) nunca ninguna línea nueva de tranvía.		

3 Utiliza las siguientes expresiones temporales, los sustantivos y los verbos de las burbujas para escribir frases sobre las cosas que hay o que tiene tu ciudad.

nunca

(desde)... siempre

tranvías   trolebuses

metro

parques   tráfico (coches)

tener

haber

a. *En mi ciudad nunca ha habido metro.*

b. _____

c. _____

d. _____

e. _____

CONTRASTE ENTRE PERFECTO E INDEFINIDO [UNIDAD 3]

Imagina una charla de dos amigas en una cafetería sobre diferentes temas. ¿Usarías el pretérito perfecto o el pretérito indefinido? Subraya la opción correcta.

Temas de conversación	Perfecto / Indefinido
1. Tú le hablas de un viaje a Buñol en 2003.	He visitado / <u>Visité</u> Buñol en 2003.
2. Hablas de la fiesta de la Tomatina de ese año.	He estado / Estuve en la fiesta de la Tomatina. ¡Fue divertidísimo!
3. Le cuentas tu día en el trabajo.	Hemos tenido / Tuvimos muchísimo trabajo...
4. Ella te cuenta sus actividades de por la mañana.	Mi madre me ha llamado / me llamó.
5. Tú le hablas del encuentro con un amigo común antes de llegar a la cafetería.	Me he encontrado / Me encontré con Jaime en el metro.
6. Te habla de su primer novio.	Le he conocido / Le conocí en el colegio.
7. Tú le hablas de tu lugar y fecha de nacimiento.	He nacido / Nací en Madrid en 1975.
8. Comentáis una noticia de actualidad.	Ha vuelto / Volvió a nevar en Mallorca.
9. Tú le cuentas un pequeño accidente doméstico ocurrido ayer.	Me he quemado / Me quemé con la sartén.
10. Ella te comenta un partido de fútbol de la temporada pasada.	Hemos perdido / Perdimos 2 a 1 con el Athletic de Bilbao.

CUANDO TENÍA SEIS AÑOS...
USOS DEL PRETÉRITO IMPERFECTO

— REFLEXIONA

■ Mira estos dibujos hechos por un niño de seis años y lee atentamente los comentarios:

Éste es un dibujo de la casa en la que vive.
Es una casa bastante grande, situada en un barrio tranquilo.

Éste es un dibujo de su niñera, que se llama Natalia. Natalia es polaca y estudiante de la carrera de español en su país.
Los veranos suele trabajar de *canguro** en España. Además del español, le gusta mucho la música: canta y toca la guitarra.

*Canguro: niñera, joven encargada de atender a niños pequeños en ausencia corta de sus padres.

■ Imagina que años después, uno de los padres recuerda la relación del niño y su niñera:

> Cuando Santi tenía seis años, una chica de Polonia cuidaba de él todos los veranos. Se llamaba..., ¡ah sí!, Natalia. Era muy aficionada a la música. Me acuerdo que muchas veces jugaba solo y ella entonces ponía música, cantaba o tocaba ella misma una guitarra que traía. Nuestra casa era bastante grande, pero recuerdo que siempre se oía la guitarra por toda la casa. Cuando regresaba a su país en septiembre, nuestra casa se volvía muy silenciosa...

① **Subraya las formas del pretérito imperfecto que han aparecido antes:**

> Cuando *tenía* seis años...

USOS DEL PRETÉRITO IMPERFECTO [UNIDAD 4]

2) **Utiliza las formas subrayadas en pretérito imperfecto para completar el siguiente cuadro y contestar a las siguientes preguntas:**

¿Cómo se describe a Santi y a Natalia? ¿Y la casa?	¿Qué hacían normalmente Santi y Natalia? ¿Qué solía pasar en la casa?
Santi *Tenía 6 años*	Santi
Natalia	Natalia
La casa	La casa

RECUERDA:

Usamos el pretérito imperfecto para...

- Describir personas, lugares o cosas:

    Mi tío era guía turístico.

    Enfrente de mi casa había un parque.

    Mi colegio tenía muchos espacios para practicar deporte.

- Hablar de hechos o acciones habituales en el pasado:

    Trabajaba mucho en verano.

    Íbamos a jugar al parque casi todos los días.

    Jugábamos al fútbol en un campo enorme.

[UNIDAD 4] USOS DEL PRETÉRITO IMPERFECTO

1 Este es un fragmento del cuento *Pigmalión*, de Augusto Monterroso. Transforma los verbos entre paréntesis en pretérito imperfecto. Si no conoces el significado de alguno, consulta tu diccionario.

PIGMALIÓN

Hace mucho tiempo, en la Antigua Grecia, existió un poeta llamado Pigmalión que (1. dedicarse) _____ a construir estatuas tan perfectas que sólo les (2. faltar) _____ hablar.

Cuando ya (3. estar) _____ terminadas, él les (4. enseñar) _____ muchas de las cosas que (5. saber) _____: literatura en general, poesía en particular, un poco de política, otro poco de música y algunas bromas y chistes para salir adelante en cualquier conversación.

Cuando el poeta (6. pensar) _____ que ya (7. estar) _____ preparadas, las (8. contemplar) _____ satisfecho durante unos minutos y, sin ningún esfuerzo, sin ordenárselo ni nada, les (9. hacer) _____ hablar.

Desde ese instante, las estatuas (10. vestirse) _____ y (11. irse) _____ a la calle y en la calle o en la casa (12. hablar) _____ sin parar de todo lo que existe.

El poeta (13. sentirse) _____ satisfecho de su obra y las (14. dejar) _____ hacer, y cuando (15. venir) _____ visitas, (16. callarse / ellas) _____ discretamente, lo cual le (17. servir) _____ de descanso, mientras sus estatuas (18. entretener) _____ a todos con las anécdotas más graciosas.

Lo bueno era que (19. llegar) _____ un momento en que las estatuas, como suele suceder, (20. creerse) _____ mejores que su creador...

[Texto adaptado]

USOS DEL PRETÉRITO IMPERFECTO [UNIDAD 4]

2 ¿Para qué se usa el pretérito imperfecto en este texto? Marca la opción correcta con una X (sólo una es correcta):

1. Hablar de acciones o hechos habituales del pasado.	
2. Describir personas o cosas del pasado.	

3 ¿Cómo describes tú las estatuas? Utiliza las siguientes palabras:

serias   calladas   soberbias
    divertidas   cultas

Las estatuas no eran serias porque les gustaba mucho bromear.

_____
_____
_____

4 En tu opinión, ¿cómo continúa la historia? ¿Qué pasaba entonces cuando las estatuas se creían mejores que Pigmalión? Elige la opción que consideres más probable.

1. Construían ellas mismas otras estatuas, como su creador.
2. Dejaban de hablar a Pigmalión y le miraban por encima del hombro.
3. Intentaban hacer cosas todavía más audaces, como volar.

5 Ahora vas a poder leer el final del cuento para verificar tu hipótesis, pero antes, asegúrate de que conoces el significado de las siguientes palabras y expresiones:

volar   marearse   elevarse   caerse
  ala   terco/a   dar una patada   ponerse rojo/a   cera

[UNIDAD 4] USOS DEL PRETÉRITO IMPERFECTO

Lee ahora el final del cuento y transforma los verbos entre paréntesis en pretérito imperfecto:

PIGMALIÓN (Continuación)

(1. pensar / ellas) _____ que si ya (2. saber / ellas) _____ hablar, ahora solo les (3. faltar) _____ volar, e (4. intentar) _____ hacerlo con toda clase de alas, también las de cera.

En ocasiones (5. realizar) _____ un verdadero esfuerzo, (6. ponerse) _____ rojas y (7. conseguir) _____ elevarse dos o tres centímetros, pero la altura, por supuesto, las (8. marear) _____.

Entonces, algunas, desanimadas, lo (9. dejar) _____ y (10. contentarse) _____ con poder hablar y marear a los demás. Otras, tercas, (11. seguir) _____ intentándolo, y los griegos que (12. pasar) _____ por allí (13. pensar) _____ que (14. estar) _____ locas al verlas dar continuamente aquellos saltos. A veces, el poeta (15. cansarse) _____, les (16. golpear) _____, y ellas (17. caerse) _____ en forma de pequeños trozos de mármol.

USOS DEL PRETÉRITO IMPERFECTO [UNIDAD 4]

7 Lee cómo algunos padres españoles comparan su infancia en los años 70 con la que viven sus hijos en la actualidad. Después relaciona las opiniones de las dos columnas (texto adaptado de *El País Semanal*).

Mi infancia ANTES	La infancia de mis hijos AHORA
1. De pequeña nunca fui a la playa. Me bañaba en el río y solo tenía un bañador que lavaba cada día.	**a.** Celebrar un cumpleaños es un evento social: invitación, merienda en un parque y café para los padres. Alba ya lleva cuatro fiestas este curso.
2. Jugábamos en la calle y nos juntábamos 15 o 20 niños. Siempre había un coche abandonado o un perro que adoptábamos entre todos.	**b.** Alba tiene muchos juguetes, demasiados. Pero los usa diez minutos y se cansa.
3. Recuerdo un disco de canciones infantiles que alguien me regaló. Me encantaba.	**c.** En vacaciones alquilo un apartamento en la playa y cada año vamos a un lugar diferente. La niña prepara su bolsa de juguetes y su colección de bañadores.
4. Cuando era niña, por mi cumpleaños, llevaba caramelos a clase.	**d.** Hay muchos dibujos que no son para niños. Hay más anuncios que programas y lo peor es que se los sabe todos de memoria.
5. En mi clase éramos todos españoles.	**e.** Ahora con los niños se puede hablar de todo. Nuestros padres no nos contaban tantas cosas.
6. En la escuela me hacían aprender las cosas de memoria, de carrerilla.	**f.** Mi hija ha tenido buena relación con todos sus profesores. Este acercamiento es positivo, pero hace más difícil marcar los límites.
7. La televisión era más formativa, con programas pensados para los niños.	**g.** A mi hijo no le gustan las canciones infantiles, sino los éxitos del momento.
8. La maestra era una señora con la que nunca tuve una relación cercana: llegaba, explicaba y se iba.	**h.** Ahora hacen entender las cosas, van relacionando conceptos de una a otra materia.
9. La relación entre padres e hijos era menos natural. Antes había más tabúes, como la religión o el sexo.	**i.** Carlos no juega en la calle, salvo si alguien está con él.
10. Mis juguetes favoritos eran un piano, la goma, la cuerda y la muñeca *Nancy*.	**j.** En la clase de Carlos del año pasado había dos chilenos, un uruguayo y dos marroquíes.

[UNIDAD 4] USOS DEL PRETÉRITO IMPERFECTO

8 **Y tu infancia, ¿cómo fue? Escribe frases sobre los siguientes temas:**

Tema	Tus frases
La escuela	¿Cómo era tu relación con los maestros? ¿Cómo aprendías?
La relación con tus padres	¿Hablabas con ellos de todos los temas?
Tus juegos y juguetes	¿Tenías muchos juguetes? ¿Cuáles eran tus juegos y juguetes favoritos? ¿Dónde jugabas?
Las vacaciones	¿Dónde pasabas tus vacaciones?
Tu cumpleaños	¿Cómo celebrabas tu cumpleaños?
La televisión	¿Qué programas veías? ¿Eran educativos?
La música	¿Qué música escuchabas?

USOS DEL PRETÉRITO IMPERFECTO [UNIDAD 4]

Observa estas fotos y elige una de ellas:

9 Completa la siguiente ficha con información sobre el niño o la niña de la foto que hayas elegido. Para ello, subraya las opciones que te ofrecemos en cada apartado o inventa otras.

> **Nombre:** _____.
> **Familia:** hijo único / dos hermanos mayores / _____.
> **Físico:** rubio / moreno / castaño; pequeño / grande; _____.
> **Carácter:** gracioso / alegre / tímido / travieso / listo / _____.
> **Lugar de residencia (nombre del lugar):** _____.
> **Gustos, aficiones:** columpiarse / jugar con su perro / ver dibujos animados / disfrazarse / ayudar a su padre mientras trabaja / _____.
> **Manías:** nunca se acuesta con la luz apagada / si no hay galletas, no desayuna / le gusta vestirse solo / le encantan las Navidades / _____.

10 Imagina que conoces a la persona de la foto y que años después la recuerdas. Escribe tus recuerdos utilizando los datos que has elegido en la ficha anterior. Puedes servirte también de los siguientes verbos en infinitivo:

Se llamaba _____

VI CÓMO ESTALLÓ / ESTALLABA UN METEORITO
CONTRASTE ENTRE EL PRETÉRITO IMPERFECTO Y EL PRETÉRITO INDEFINIDO

REFLEXIONA

▄▄▄ Imagina que escuchas una noticia en la radio y que oyes los siguientes flashes informativos:

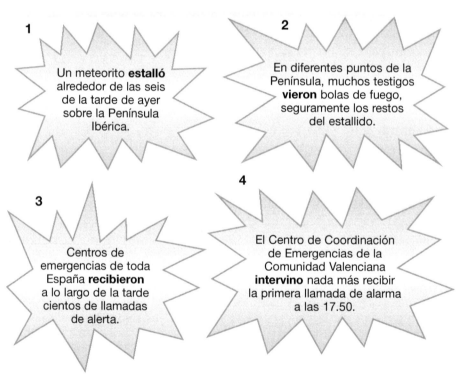

1 Un meteorito **estalló** alrededor de las seis de la tarde de ayer sobre la Península Ibérica.

2 En diferentes puntos de la Península, muchos testigos **vieron** bolas de fuego, seguramente los restos del estallido.

3 Centros de emergencias de toda España **recibieron** a lo largo de la tarde cientos de llamadas de alerta.

4 El Centro de Coordinación de Emergencias de la Comunidad Valenciana **intervino** nada más recibir la primera llamada de alarma a las 17.50.

1) Ahora contesta a las siguientes preguntas:

Los verbos en negrita…	Sí	No
a. …¿están en pretérito indefinido?		
b. …¿describen acciones completas, con principio y fin?		

CONTRASTE ENTRE IMPERFECTO E INDEFINIDO [UNIDAD 5]

■ Ahora conoce más detalles sobre el estallido del meteorito. Lee atentamente la información proporcionada por testigos del fenómeno:

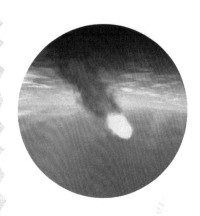

Manuel González, ganadero, vio una gran bola de fuego estrellarse en un bosque, a unos cuatro kilómetros de donde él **estaba**, sobre las 17.30.

Una vecina de Palencia contó anoche a la radio: "**paseaba** por una acera con mi marido cuando hubo un resplandor muy fuerte. Miré al cielo y vi una cosa muy brillante".

El director del Observatorio Astronómico de Santiago **presenciaba** un partido de fútbol cuando observó el fenómeno.

② Ahora contesta a las siguientes preguntas:

Los verbos en negrita…	Sí	No
a. ¿están en pretérito imperfecto?		
b. ¿describen acciones completas, con principio y fin?		

OBSERVA:

Fíjate en las siguientes frases:

Cuando **estaba** en el estadio...
Teníamos prisa...
Era bastante alta...
Comíamos fuera todos los días...

vi aparecer un meteorito.
y al final no te **llamamos**.
y por eso **empezó** a jugar al baloncesto.
menos una vez que **fuimos** a tu casa.

El **pretérito imperfecto** se usa para describir circunstancias, personas, y/o hábitos, en el pasado, sin indicar ni su principio ni su fin.

El **pretérito indefinido** se usa para hablar de acciones completas y terminadas en el pasado.

35

[UNIDAD 5] CONTRASTE ENTRE IMPERFECTO E INDEFINIDO

3) Ahora lee atentamente estas dos frases y relaciónalas con sus correspondientes significados:

Frases

1. Manuel González, vio cómo una «gran» bola de fuego **se estrelló** en un bosque.

2. Manuel González vio cómo una «gran» bola de fuego **se estrellaba** en un bosque.

Significado

a. Manuel González vio una bola de fuego estrellándose en un bosque.

b. La bola de fuego se estrelló en un bosque y Manuel González lo vio todo hasta el final.

ATENCIÓN:

- El pretérito imperfecto **no** se usa para destacar la duración de las acciones verbales. Presentarlas así puede ser motivo de error.

  Ejemplo: En una entrevista de trabajo.

  –¿Sabe hablar español?

  –Sí, estudiaba español durante cinco años.

  –¿Cómo? ¡Ah, estudió español durante cinco años!

CONTRASTE ENTRE IMPERFECTO E INDEFINIDO [UNIDAD 5]

PRACTICA

1 ¿En qué situación te encontrabas cuando sucedieron estas cosas?

1. La llegada del euro: *Vivía en Francia.*
2. El primer minuto del último Año Nuevo:

   .
3. La última vez que te han llamado por teléfono:

   .
4. El día que conociste a tu pareja o un amigo/a muy bueno/a:

   .
5. La última vez que te dio un ataque de risa:

   .
6. La última vez que perdiste el tren / el autobús / el avión:

   .
7. La última noche que pasaste en vela:

   .

2 Coloca las siguientes frases en una de las dos columnas de abajo. Sólo una opción es posible.

aprender a tocar el piano. / quedarme viendo la tele hasta muy tarde. / conocer a mi cantante preferido. / montar en mi bicicleta. / tener un caballo. / comer mi plato preferido. / actuar en una película de ciencia ficción.

Cuando era pequeño...	
siempre quise...	siempre quería...
aprender a tocar el piano	

[UNIDAD 5] CONTRASTE ENTRE IMPERFECTO E INDEFINIDO

3 **Y tú, cuando eras niño, ¿qué deseos importantes tenías? Escribe tres:**

Ejemplo: *Siempre quise aprender a tocar el piano.*

1.
2.
3.

¿Cuáles de estos deseos realizaste? ¿Cuándo?

Ejemplo: *Empecé a estudiar piano, pero cuando ya tenía 22 años.*

1.
2.
3.

¿Qué costumbres o manías tenías? Escribe también tres:

Ejemplo: *Siempre bebía un vaso de leche antes de ir a la cama.*

1.
2.
3.

CONTRASTE ENTRE IMPERFECTO E INDEFINIDO [UNIDAD 5]

Elige la forma verbal adecuada.

1. —Estuviste en Australia, ¿no? ¿Qué hiciste allí?
   —*Trabajé / Trabajaba* 3 años de camarero en Sydney.
2. —¿Te encontraste entonces a Violeta el otro día?
   —Sí, nos encontramos a la salida de un cine.
   Hablamos / Hablábamos un buen rato de la película.
3. —¿Qué tal en las fiestas de tu ciudad? ¿Os lo pasasteis bien?
   —Muy divertido, ayer por ejemplo *bailamos / bailábamos* toda la noche.
4. —¿Qué tal tus vacaciones, Toni?
   —Bien, estuvimos en Francia. Hizo un tiempo buenísimo, *tomamos / tomábamos* el sol en el sur del país durante dos semanas.

Lee esta fábula de Augusto Monterroso y transforma en el tiempo adecuado los verbos en infinitivo. Las explicaciones pueden servirte de ayuda. Recuerda: ¡sólo un tiempo es posible en cada fragmento!

La jirafa que comprendió que todo es relativo.

Hace mucho tiempo, en un país lejano,
(1. vivir) _____ una Jirafa de
estatura regular

a. Se presentan las circunstancias en las que se va a desarrollar la historia:

pero tan despistada que una vez
(2. salirse) _____ de la selva y
(3. perderse) _____. Desorientada
como siempre, (4. empezar) _____
a caminar sin dirección de aquí para allá y así
(5. llegar) _____ a un paso entre montañas

b. Se presenta la acción que da inicio a la historia:

[UNIDAD 5] CONTRASTE ENTRE IMPERFECTO E INDEFINIDO

donde en ese momento (6. tener) _____ lugar una gran batalla. En la batalla muchos soldados (7. morir) _____ en ambos bandos y los generales (8. animar) _____ a sus tropas con las espadas en alto. Entre el humo y el ruido de los cañones (9. verse) _____ caer a los muertos de uno y otro ejército, pero los supervivientes (10. continuar) _____ disparando con entusiasmo hasta que a ellos también les (11. tocar) _____ y (12. caer) _____ con un gesto estúpido. En su caída (13. pensar) _____ que la Historia (14. ir) _____ a recoger estos gestos como heroicos, pues (15. morir) _____ por defender su bandera; y efectivamente la Historia los (16. recoger) _____ como heroicos, tanto la Historia de un bando como del otro, ya que cada lado (17. escribir) _____ su propia historia; así, Wellington (18. ser) _____ un héroe para los ingleses y Napoleón (19. ser) _____ un héroe para los franceses.

c. Se detiene la acción principal para hacer la descripción de una escena:

Después de ver todo esto, la Jirafa (20. seguir) _____ caminando, hasta que (21. llegar) _____ a un lugar donde había un enorme Cañón, que en ese preciso instante (22. hacer) _____ un disparo exactamente unos veinte centímetros arriba de su cabeza, más o menos.

d. Se presenta la continuación de la acción principal:

CONTRASTE ENTRE IMPERFECTO E INDEFINIDO [UNIDAD 5]

Al ver pasar la bala tan de cerca la Jirafa (23. pensar) _____ :

¡Qué bueno que no soy tan alta, pues si mi cuello llega a medir treinta centímetros más esa bala me vuela la cabeza; o bien, qué bueno que esta parte del desfiladero en el que está el Cañón no es tan baja, pues si llega a medir treinta centímetros menos, la bala también me vuela la cabeza. Ahora comprendo que todo es relativo.

e. Se presenta el momento de la acción en que se llega a la moraleja final:

---

6 Lee atentamente el siguiente resumen (contado en presente) de un suceso sorprendente: el atraco de unos ladrones a un policía de Interpol en plena calle.

Dos navajeros atracan en Madrid a un comisario de Interpol de Chad

Dos navajeros **atracan** en Madrid a un comisario de Interpol de Chad.

Un comisario de la policía de Chad **se dirige** a la 72.ª Asamblea General de Interpol que **tiene lugar** en Benidorm (Alicante) cuando **es atracado** el sábado por la noche en Madrid. Dos individuos armados con navajas **abordan** al comisario M. W., de 43 años, y le **amenazan** con sus armas. Los dos atracadores le quitan un maletín que contiene documentos y su placa de identificación policial. Los atracadores **llevan a cabo** el robo en la avenida de Ciudad de Barcelona, en el distrito de Vallecas. El comisario **se encuentra** de escala en Madrid antes de partir al cónclave policial internacional.

Ahora clasifica los verbos en negrita, según sean los hechos principales del suceso o las circunstancias que lo rodean.

Hechos principales (acciones completas)	Circunstancias (acciones sin principio ni fin)
atracan	

[UNIDAD 5] CONTRASTE ENTRE IMPERFECTO E INDEFINIDO

7 **A continuación completa el siguiente texto con los verbos en pasado del ejercicio anterior.**

Dos navajeros (1) _____ en Madrid a un comisario de Interpol de Chad.

Un comisario de la policía de Chad que (2) _____ a la 72.ª Asamblea General de Interpol que (3) _____ en Benidorm (Alicante) (4) _____ el sábado por la noche en Madrid. Dos individuos armados con navajas (5) _____ al comisario M. W., de 43 años, y le (6) _____ con sus armas. Los dos atracadores le (7) _____ un maletín que (8) _____ documentos y su placa de identificación policial. Los atracadores (9) _____ el robo en la avenida de Ciudad de Barcelona, en el distrito de Vallecas. El comisario (10) _____ de escala en Madrid antes de partir al cónclave policial internacional.

CONTRASTE ENTRE IMPERFECTO E INDEFINIDO [UNIDAD 5]

8 Lee estos chistes de ladrones y transforma los verbos en infinitivo en el tiempo adecuado.

a. Un ladrón (1. caminar) _____ por un centro comercial buscando una víctima, pero ya (2. ser) _____ muy tarde y no (3. haber) _____ ninguna. De repente (4. ver) _____ a una viejecita en la puerta de una tienda y (5. pensar) _____: «¡Ésta es mi oportunidad!». Entonces (6. acercarse) _____ a ella y, le (7. quitar) _____ la cartera y (8. empezar) _____ a correr. La viejecita (9. gritar) _____: «¡Agarrad al ladrón!», pero el ladrón (10. seguir) _____ corriendo y otras personas (11. comenzar) _____ a gritar también: «¡Agarrad al ladrón!». El ladrón (12. salir) _____ a la calle y unos estudiantes de un instituto (13. ver) _____ a la viejecita con las otras personas y entonces (14. decidir) _____ unirse al grupo de perseguidores. Todos (15. gritar) _____: «¡Agarrad al ladrón!». Las personas que (16. correr) _____ detrás del hombre (17. ser) _____ ya cerca de 300, menos la viejecita, que ya no (18. poder) _____ correr más, y solo les (19. separar) _____ ya diez metros del ladrón. Entonces, cuando ya (20. estar) _____ a punto de atraparle, el ladrón (21. subir) _____ por la tubería de un edificio. La muchedumbre indignada (22. gritar) _____ desde abajo: «¡Agarrad al ladrón!». El ladrón (23. seguir) _____ subiendo y cuando (24. llegar) _____ a una ventana, (25. agarrarse) _____ a ella, pero ésta (26. romperse) _____ con el peso del hombre, que (27. soltarse) _____ y (28. empezar) _____ a caerse. Entonces, el hombre, en un momento de desesperación (29. gritar) _____: «¡Agarradme, que soy el ladrón!».

b. Un policía (1. interrogar) _____ a un ladrón en la comisaría y le (2. preguntar) _____: «Entonces, vamos a ver, usted (3. meterse) _____ en la casa, (4. robar) _____ 3.000 euros y (5. irse) _____, pero luego (6. regresar) _____ a la casa y (7. llevarse) _____ también la televisión, el DVD y el ordenador». Entonces el ladrón (8. contestar) _____: «Sí, es que cuando ya (9. estar) _____ en mi casa (10. pensar) _____ que el dinero solo no trae toda la felicidad».

CUANDO LLEGÓ A LA LUNA, YA HABÍA NACIDO
USOS DEL PRETÉRITO PLUSCUAMPERFECTO Y SU RELACIÓN CON OTROS TIEMPOS DE PASADO

REFLEXIONA

■ Fíjate en estas dos frases:

> — El hombre llegó a la Luna el 20 de julio de 1969.
> — Pedro nació el 4 de abril de 1969.

① Ahora contesta a las siguientes preguntas:

Preguntas	Sí	No
a. *Llegó a la Luna* y *nació*, ¿son acciones completas, con principio y fin?		
b. Según las referencias temporales, ¿nació Pedro antes de que el hombre llegara a la Luna?		

■ A continuación, lee el siguiente diálogo. Fíjate en la relación que se establece entre los dos hechos, *llegar* y *nacer*, de los ejemplos anteriores:

— ¿Tú en qué año naciste?
— Pues nací el mismo año en el que el hombre llegó a la Luna.
— Entonces, en el 69. ¿Pero ya **habías nacido** cuando Neil Armstrong pisó la Luna?
— Sí, dos meses **antes**.

USOS DEL PLUSCUAMPERFECTO [UNIDAD 6]

■ **Ahora lee los siguientes ejemplos:**

1. Cuando llegamos a Ávila, había nevado mucho el día anterior.

2. No me resultó difícil empezar a cocinar. Mi madre ya me había enseñado algunos trucos de cocina.

3. Me costó bastante adaptarme a Barcelona, porque no había vivido antes en una gran ciudad.

4. En el colegio tuve a un profesor que había dado clases a mi padre de joven.

5. Estaba cansado porque había estudiado mucho la noche anterior.

② **A continuación, escribe qué verbos en pasado se ponen directamente en relación en cada frase. ¿Hay alguna expresión temporal que acompañe a dichas acciones? Si es así, anótala al lado de los verbos correspondientes.**

1. Ejemplo: llegamos ↔ había nevado. El día anterior

2. _____

3. _____

4. _____

5. _____

③ **Entre los verbos de las frases anteriores, se establecen relaciones temporales. ¿Qué verbos se refieren a hechos anteriores a otros en cada frase?**

1. Ejemplo: habia nevado. La acción de *nevar* es anterior a la de *llegar.*

2. _____

3. _____

4. _____

5. _____

[UNIDAD 6] USOS DEL PLUSCUAMPERFECTO

④ **Ahora, en base a tus respuestas anteriores, establece la regla de uso del pretérito pluscuamperfecto, destacando la opción adecuada:**

> Usamos el pretérito pluscuamperfecto para hablar de acciones pasadas *completas / no completas, anteriores / posteriores* a otras acciones pasadas.

⑤ **Por último, completa los huecos sobre el uso de las expresiones temporales con el pretérito pluscuamperfecto:**

> _____, _____, _____, _____, etc., son **expresiones temporales** que **algunas veces** acompañan al pretérito pluscuamperfecto y que señalan la anterioridad de unas acciones frente a otras en pasado.

― PRÁCTICA

Relaciona las frases de las dos columnas.

1. Llegué a casa y olía fenomenal en la cocina.
2. Entré en la oficina y encima de la mesa había botellas de champán y pasteles.
3. Puse la tele y el equipo de Croacia ya iba ganando 9-7 a Túnez.
4. Salí a la calle y sentí mucho frío.
5. Te llamé a tu casa a las 6 y no contestaba nadie.

a. Sus compañeros le habían preparado una fiesta de despedida.
b. Había nevado.
c. Juan le había preparado la comida.
d. Había salido de casa.
e. Croacia ya había metido 9 goles a Túnez.

USOS DEL PLUSCUAMPERFECTO [UNIDAD 6]

2 Fíjate en las frases de la actividad anterior: subraya los verbos que se refieren a acciones completas y rodea con un círculo las que se refieren a acciones no completas.

> Llegué a casa y (olía) fenomenal en la cocina. / Juan le había preparado la comida.

Ordena las acciones de las frases anteriores de manera cronológica.

1.ª acción (anterior)	2.ª acción (posterior)
Juan preparó la comida.	Llegó a casa / Olía fenomenal.

3 Con los elementos de la tabla, construye frases con una relación de anterioridad-posterioridad entre las siguientes acciones.

Acciones completas	→ Acciones no completas
1. Comenzar la película. Entrar (yo) en el cine.	Estar apagadas (las luces).
2. Llamar (ella) a una agencia de viajes para reservar un billete de avión. Vender todos los billetes (ellos).	
3. Proponerles (nosotros) ir a comer juntos. Comer (ellos).	No tener ganas de comer (ellos).
4. Cogerse un resfriado (yo). No abrigarse (yo) al salir de casa.	

1. Entré en el cine, pero las luces estaban apagadas y la película ya había comenzado.

2. _____

3. _____

4. _____

[UNIDAD 6] USOS DEL PLUSCUAMPERFECTO

4 A continuación te presentamos algunos de los hechos más relevantes de la carrera espacial que mantuvieron EE UU y la URSS durante los años 60. Relaciona los datos de las dos columnas.

1. El 12 de abril de 1961, el cosmonauta Yuri A. Gagarin, a bordo de la nave *Vostok 1*, se convirtió en el primer astronauta.
2. En abril de 1967, el cosmonauta Komarov tuvo un accidente mortal durante un vuelo espacial.
3. En marzo de 1965, el cosmonauta Leonov se convirtió en el primer hombre en realizar un paseo espacial, al salir al exterior de la nave unido a ella por medio de un cable.
4. En su vuelo en la nave *Vostok 1*, Yuri A. Gagarin completó una vuelta a la Tierra.
5. El primer alunizaje, logrado por la sonda soviética *Luna 9*, data de 1966.

a. Durante el vuelo del *Gemini 4*, el 3 de junio de 1965, el astronauta Edward H. White fue el primer astronauta estadounidense en realizar un paseo espacial.
b. El 20 de febrero de 1962, John Herschell Glenn fue el primer astronauta estadounidense en dar la vuelta a la Tierra, completando tres vueltas alrededor de nuestro planeta.
c. El 5 de mayo de 1961, EE UU puso al primer astronauta estadounidense, Alan Bartlett Shepard, en el espacio.
d. La misión *Apolo 1* (tripulada por Armstrong y Aldrin) realiza el primer desembarco humano en la Luna el 20 de julio de 1969.
e. El 27 de enero de 1967, la nave *Apolo* sufrió un trágico accidente durante una prueba en Tierra.

5 De acuerdo con los datos del apartado anterior, ordena de manera cronológica las siguientes acciones referidas a las etapas de la carrera espacial.

a. Poner a un hombre en el espacio: 1.º
b. Realizar un paseo espacial: ___
c. Tener un accidente: ___
d. Dar vueltas alrededor de la Tierra: ___
e. Llevar a cabo un alunizaje: ___

USOS DEL PLUSCUAMPERFECTO [UNIDAD 6]

6 Ahora escribe frases comparando los datos sobre la carrera espacial entre las dos potencias. Para ello utiliza en cada caso los verbos de cada etapa ordenados en el apartado anterior y las referencias temporales: *En* + año, *antes, ya* y *todavía no.*

1º
Poner a un hombre en el espacio:
En 1961 EE UU puso a un hombre en el espacio, pero meses antes Gagarin se había convertido en el primer astronauta.

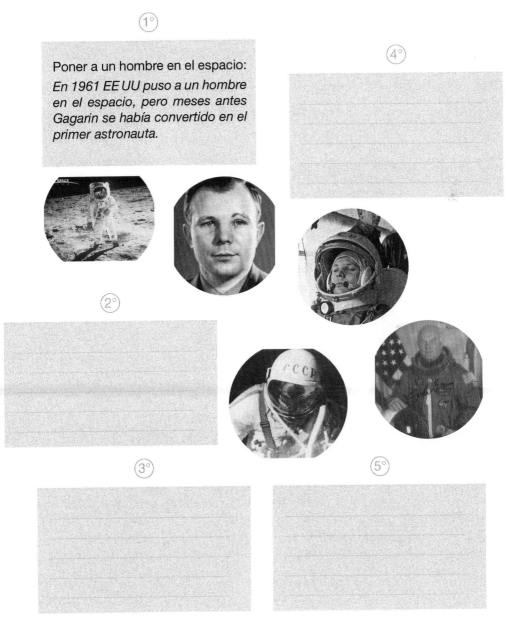

2º

3º

4º

5º

HA DICHO QUE... / DIJO QUE...
USOS DE LOS TIEMPOS DE PASADO PARA REPRODUCIR LAS PALABRAS DE OTRAS PERSONAS

REFLEXIONA

Fíjate en la conversación telefónica que hoy han mantenido Sara y Pedro:

SARA: ¿Diga?
PEDRO: Hola, soy Pedro.
SARA: ¡Ah!, hola, Pedro, ¿ya estás aquí?
PEDRO: Hola, sí, ya he vuelto. Volví ayer, pero ¡buf!, muy tarde...
SARA: ¿Y qué tal?
PEDRO: Muy bien, ya os contaré... Oye, ¿está Ana?
SARA: No, no está. ¿Quieres dejarle algún recado?
PEDRO: Sí, que al final no iré al concierto con ella, como quedamos, porque estoy muy cansado. La he llamado al móvil, pero no lo coge...
SARA: Vale, yo le doy el recado.
PEDRO: Gracias, hasta pronto.
SARA: Hasta pronto, Pedro.

USO DE LOS TIEMPOS DE PASADO [UNIDAD 7]

1. **Dos horas más tarde, Ana llega a casa y Sara, su madre, le deja el recado por escrito. Fíjate en cómo lo hace. ¿Qué palabras en negrita han cambiado? Subráyalas:**

Hija:
Te ha llamado Pedro hace una hora. Dice que **volvió ayer muy tarde y que como está muy cansado del viaje, no irá contigo al concierto.**

Mamá

2. **Organiza en la siguiente tabla los cambios que has detectado:**

Pronombres	Personas de los verbos
con ella → contigo	volví → volvió

Imagina ahora que Sara se ha olvidado de darle el recado hoy, y se lo escribe al día siguiente. Fíjate en los cambios que se han producido, diferentes de los anteriores:

Hija:
Ayer te llamó Pedro. ¡Perdona, pero me he acordado ahora!
Dijo que **había vuelto muy tarde y que como estaba muy cansado del viaje no iría contigo al concierto.**
Mamá

3. **Clasifica los cambios que se han producido en los tiempos verbales:**

Tiempos verbales	
volví → había vuelto	indefinido → pluscuamperfecto

[UNIDAD 7] USO DE LOS TIEMPOS DE PASADO

④ **Ahora contesta a las siguientes preguntas:**

	Sí	No
a. En el primer recado, el periodo de tiempo al que Sara se refiere (hoy), ¿*ha terminado*?		
b. ¿Y en el segundo recado? ¿Ha terminado el tiempo al que se refiere Sara (*ayer*)?		

⑤ **A continuación, en base a tus respuestas anteriores, destaca la opción adecuada para completar regla de uso de los tiempos del pasado:**

> Cuando reproducimos las palabras de otras personas, *sólo / no* cambiamos los tiempos verbales si tales palabras se han dicho en una unidad de tiempo pasada, ya terminada (*ayer, la semana pasada*, etc.)

▨ **Los cambios que se realizan en los tiempos verbales son los siguientes:**

presente	→	**imperfecto**
Me divierto	→	*Dijo que se divertía.*
perfecto e indefinido	→	**pluscuamperfecto**
Se ha divertido / Se divirtió	→	*Dijo que se había divertido.*
futuro	→	**condicional** (= futuro del pasado):
Se divertirá	→	*Dijo que se divertiría.*

❗ ATENCIÓN:

- Para introducir la información que reproducimos utilizamos las formas:
  - *dice que; ha dicho que:* para reproducir palabras dichas en el mismo periodo de tiempo (presente) en que estamos hablando.
  - *dijo que:* para reproducir palabras dichas en un periodo de tiempo (pasado) diferente al que estamos hablando.

USO DE LOS TIEMPOS DE PASADO [UNIDAD 7]

PRÁCTICA

Reconstruye la siguiente conversación en base a lo que Nacho le ha contado hoy a Susi:

A)

Carlos y Nacho se encuentran por la calle:

NACHO: ¿Qué tal va la mudanza?
CARLOS: Bueno, ya casi (1) _____ . Ayer ya (2) _____ los libros y ahora sólo (3) _____ meter las cosas de vidrio.
NACHO: ¿Entonces cuándo os vais?
CARLOS: Pues ya (4) _____ cuándo (5) _____ porque se nos (6) _____ el gato y la última vez tardó un par de días en volver...

HOY. Nacho se lo cuenta a Susi:

NACHO: Esta tarde me he encontrado con Carlos.
SUSI: ¿Ah sí? ¿Y qué tal su mudanza?
NACHO: Pues me ha dicho que ya casi la han terminado, que ya empaquetaron los libros y creo que sólo les queda por meter las cosas frágiles, como vidrio y eso; pero, ¿sabes?, me ha dicho que ya verán cuándo se van, ¡porque se les ha escapado el gato!

Y ahora, imagina cómo hubiera podido reproducirse la misma conversación otro día...

B)

OTRO DÍA

NACHO: Ayer me encontré con Carlos.

SUSI: ¿Ah sí? ¿Y qué tal su mudanza?

NACHO: Pues me dijo que ya casi la (1) _____ , que ya (2) _____ los libros y creo que sólo (3) _____ por meter las cosas frágiles, como vidrio y eso; pero, ¿sabes?, me dijo que ya (4) _____ cuándo (5) _____ , ¡porque se les (6) _____ escapado el gato!

53

[UNIDAD 7] USO DE LOS TIEMPOS DE PASADO

2 En junio de **2000** el célebre director y clarinetista **Woody Allen** visitó varias ciudades españolas en las que actuó con su grupo de jazz. La revista *Siete días* le hizo la siguiente entrevista:

¿Cómo vive la música?

Junto con el cine y el baloncesto es una de mis pasiones. La que más me gusta la incluyo siempre en mis películas: *ragtime, soul, jazz* y *blues*.

¿Le da importancia al dinero?

No niego su importancia. Con él compras muchas cosas. Hay una o dos barreras que no puedo pasar, pero el 80% de lo que necesito lo tengo gracias al dinero.

¿Cuáles son sus lujos?

Tengo solo uno: coche con chófer. La última cosa material a la que renunciaré es a tener un coche con chófer...

¿Sigue teniendo fobia al campo?

Yo solo puedo vivir en Nueva York. Viví en el mismo piso al lado de Central Park durante treinta años y ahora he aceptado vivir en un chalet, pero nunca dejaré Nueva York.

¿Se considera un hombre feliz?

Sí, y mucho. Me parece increíble estar enamorado de una mujer mucho más joven que yo, que no comparte conmigo las mismas referencias y no ha visto la mayoría de mis películas ni le interesan particularmente.

USO DE LOS TIEMPOS DE PASADO [UNIDAD 7]

Reproduce la información más importante ofrecida por W. Allen en la entrevista. Para introducirla puedes utilizar los siguientes verbos:

> dijo   añadió   comentó   explicó

1. *Woody Allen dijo que, junto con el cine y el baloncesto, la música era una de sus pasiones...*

2.

3.

4.

5.

A continuación te presentamos algunas de las frases más celebres de Woody Allen. Imagina que tienes que reproducir las palabras del director.

a. Solo existen dos cosas importantes en la vida: la primera es el sexo y de la segunda, no me acuerdo.

Woody Allen dijo que solo existían dos cosas importantes...

b. El miedo es mi compañero más fiel; jamás me ha engañado para irse con otro.

c. En mi casa mando yo, pero mi mujer toma las decisiones.

d. La vocación del político será siempre hacer de cada solución un problema.

e. De pequeño quise tener un perro, pero mis padres eran pobres y sólo pudieron comprarme una hormiga.

f. Lo que más odio es cuando me piden perdón antes de pisarme.

ACTIVIDADES COMPLEMENTARIAS (I)
USOS DE LOS TIEMPOS DEL PASADO EN INDICATIVO

― PRÁCTICA

 Aquí tienes un esquema-resumen del uso de cada tiempo del pasado, en relación con los demás. Complétalo.

a. Para distinguir el pretérito perfecto de los demás tiempos:

- *Pretérito perfecto:*
  Habla de hechos relacionados con el periodo presente en que hablamos.

- Demás tiempos:
  Hablan de hechos y circunstancias sin relación con el periodo presente en que hablamos.

b. Para distinguir el _____ de los demás tiempos:

- _____:
  Describe la situación sin principio ni fin en que se producen las acciones:
  − Habla de costumbres.
  − Habla de características de cosas y personas.
  − Habla de circunstancias.

- Demás tiempos:
  Hablan de acciones o de hechos completos.

c. Para distinguir el _____ de los demás tiempos:

- _____:
  Habla de acciones anteriores a otras acciones del pasado.

- Demás tiempos:
  Hablan de acciones o descripciones sin relación con acciones anteriores.

USOS DE LOS TIEMPOS DEL PASADO [UNIDAD 8]

d. Para distinguir el _____ de los demás tiempos:

• _____ : Habla de acciones o de hechos completos sin relación con el periodo presente.	• Demás tiempos: Hablan de acciones o hechos relacionados con el periodo presente. (pretérito perfecto). Describen la situación sin principio ni fin en que se producen las acciones. (pretérito imperfecto).

2 Hemos visto que, con frecuencia, los tiempos verbales van acompañados de expresiones temporales. ¿Con qué tiempo asocias los siguientes grupos de expresiones?

1) Esta mañana / semana   Hoy
Este fin de semana / mes / año / siglo
Esta tarde / noche   Siempre / nunca
Desde...   Todavía no / ya

⇒ *Pretérito perfecto*

2) Ayer / anteayer   Aquel día / año...
En 1998 / el siglo XIX...
El verano / otoño... pasado
La semana / el mes / el año pasado
Siempre / nunca   de niño/a

⇒ _____

3) De niño/a   Cuando era pequeño/a
En los años 60 / 70 / 80...
En 1998 / el siglo XIX...
En aquel año / En aquella época

⇒ _____

4)   Antes
El día anterior
Todavía no / ya

⇒ _____

[UNIDAD 8] USOS DE LOS TIEMPOS DEL PASADO

3. Completa los siguientes minidiálogos con las formas del pretérito perfecto o indefinido, según convenga:

a. Situación: un matrimonio se despide de una visita.

– Cariño, voy a acompañar a Juan hasta la puerta.
– Bueno, ya veremos. La última vez (1. salir, tú) _____ de casa en zapatillas y (2. volver, tú) _____ al día siguiente...

b. Situación: dos compañeros de piso comentan algo.

– Luis, ¿(3. terminar) _____ ya el partido? ¿Cómo va?
– No lo sé. Al final (4. cambiar) _____ de canal y (5. ver) _____ una película.

c. Situación: dos amigos hablan de una comida.

– Ayer me (6. tocar) _____ preparar la comida a mí...
– ¿Y qué tal? ¿Cómo te (7. salir) _____?
– Pues (8. ser) _____ un desastre. (9. quemarse) _____ toda la carne y (10. acabar, nosotros) _____ en el restaurante de abajo...

d. Situación: dos amigas hablan sobre otra amiga común.

– ¿(11. estar) _____ alguna vez en casa de Lola?
– Pues no, todavía no.
– Pues tiene una colección impresionante de postales que la gente le (12. enviar) _____ desde lugares muy exóticos...

Comprueba que conoces el significado de las siguientes palabras:

A continuación lee el siguiente cuento de Quim Monzó escrito en presente (texto adaptado). Señala los momentos de acción rodeándolos con un círculo y los de descripción, subrayándolos.

La bella durmiente

En medio del bosque, el caballero ve el cuerpo de la muchacha, que duerme en una cama hecha con ramas de árbol y rodeada de flores de todos los colores. Se baja del caballo rápidamente y se arrodilla a su lado. Le coge una
5   mano. Está fría. Tiene la cara blanca como la de una muerta. Y los labios finos y de color violeta. Consciente de su papel en la historia, el caballero la besa con dulzura. De inmediato la muchacha abre los ojos y lo mira: con una mirada de sorpresa (cuando se da cuenta de quién es, dónde
10 está y por qué está allí) que se llena de ternura. Los labios se abren en una sonrisa. Tiene unos dientes bellísimos. El caballero ya se ve casado, siempre junto a ella, compartiéndolo todo.
Las mejillas de la muchacha han perdido el color blanco de
15 la muerte y ya son de color rosa, sensuales, para morderlas. Él le ofrece las manos, las dos, y le ayuda a levantarse. Y, entonces, mientras (sin dejar de mirarlo a los ojos, enamorada) la muchacha (débil por todo el tiempo que ha pasado en la cama) se levanta gracias a la fuerza de los
20 brazos masculinos, el caballero se da cuenta de que (unos veinte o treinta metros más allá) hay otra muchacha dormida, tan bella como la que ha despertado, que igualmente está en una cama de ramas de roble y rodeada de flores de todos los colores.

Texto adaptado

[UNIDAD 8] USOS DE LOS TIEMPOS DEL PASADO

Vuelve a escribir ahora este cuento en pasado (tienes que usar los pretéritos indefinido, imperfecto y pluscuamperfecto).

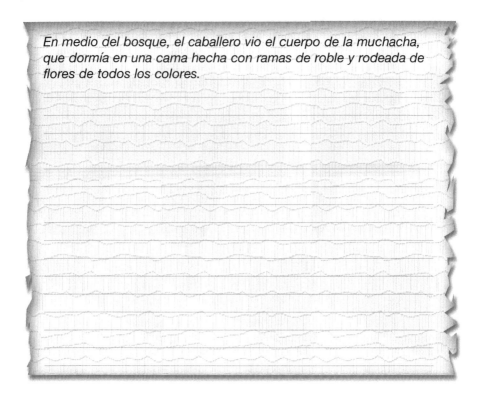

En medio del bosque, el caballero vio el cuerpo de la muchacha, que dormía en una cama hecha con ramas de roble y rodeada de flores de todos los colores.

USOS DE LOS TIEMPOS DEL PASADO [UNIDAD 8]

 Escribe frases en pasado con la información que aparece en los siguientes recuadros:

1
- estar tomando algo
- ver a tu hermana
- **NOSOTROS**
- estar muy guapa
- acercarse a saludarme

Estábamos tomando algo en una terraza y vimos a tu hermana. Estaba muy guapa y se acercó a saludarnos.

2
- ir a la tienda
- estar haciendo la cola
- **YO**
- haber mucha gente
- no encontrar el monedero

3
- tener mucha prisa
- de repente quedarse sin agua
- **MI MARIDO**
- empezar a ducharse
- llegar tarde al trabajo

4
- estar de camping
- estar solo
- **PEPE**
- ser de noche
- ¡ver aterrizar un ovni!

5
- irse de vacaciones a España
- hacer buen tiempo
- visitar sitios interesantes
- **MIKE y SARAH**
- conocer a gente nueva
- enamorarse de este país

[UNIDAD 8] USOS DE LOS TIEMPOS DEL PASADO

6 Lee las siguientes biografías de dos escritores hispanoamericanos:

Miguel Ángel Asturias

Nació el 19 de octubre de 1899 en Ciudad de Guatemala. En 1923, tras licenciarse en Derecho en Guatemala, viajó a París y entró en contacto con el surrealismo francés. Al regresar a Guatemala fundó una revista radiofónica, «El diario del aire», e inició su obra poética con *Sonetos* (1936). Tres años después se casó con Clemencia Amado, su primera mujer. Desde 1946 fue embajador en diversos países americanos como México, Argentina y El Salvador. En 1947 se divorció de Clemencia y tres años después se casó con Blanca Mora y Araujo. En 1966 viajó a Moscú para recibir el Premio Lenin de la Paz y desde ese mismo año hasta 1970 fue embajador en Francia. Recibió el Premio Nobel de Literatura de 1967. Murió en Madrid el 9 de junio de 1974.

Pablo Neruda

Nació el 12 de julio de 1904 en Parral (Chile). Neruda empezó a escribir y publicar poesía desde edad muy temprana. En 1921 viajó a Santiago para estudiar en el Instituto Pedagógico y hacerse profesor de francés. Tras abandonar sus estudios, en 1927 encontró un trabajo de cónsul honorario de Chile en Rangún (Birmania). Tres años después se casó con María Antonia Hagmaar en la isla de Java. Después regresó a Chile y en 1933 fue nombrado cónsul en Buenos Aires, en donde conoció a Federico García Lorca. Luego fue diplomático en otros países, entre ellos España, coincidiendo con el desarrollo de la Guerra Civil (1936-1939). En Madrid se separó de su primera esposa y conoció a Delia del Carril, con quien empezó una relación. Fue elegido senador en 1944. En 1949 se exilió de Chile por motivos políticos. Ese mismo año visitó la Unión Soviética con motivo del 150 aniversario de Pushkin. Recibió el Premio Nobel de Literatura en 1971. Murió en Santiago de Chile el 23 de septiembre de 1973.

USOS DE LOS TIEMPOS DEL PASADO [UNIDAD 8]

Compara ahora las dos biografías. Para ello, toma como punto
de referencia un periodo de tiempo concreto y utiliza las expresiones
ya o *todavía* no + pretérito pluscuamperfecto.

En 1923...

Nacimiento:	*Los dos escritores ya habían nacido.*
Estudios:	
Inicio de la creación poética:	

En 1945...

Trabajos de diplomático:	
Matrimonios:	
Otras actividades literarias:	

En 1960...

Visita a la URSS	
Premios	
Fallecimiento	

ACTIVIDADES COMPLEMENTARIAS (II)
CONTRASTE DE TODOS LOS TIEMPOS DEL PASADO EN INDICATIVO

9

— PRÁCTICA

 Lee las siguientes noticias y subraya los verbos que aparecen en pasado.

El secuestro de Santa Leocadia
La policía recupera un cuadro del siglo XVII tras ser robado en Madrid

F. Javier Barroso - Madrid

EL PAIS. Una mujer policía <u>se hizo</u> novia del ladrón... y eso permitió controlar todos sus movimientos. Gracias a esta estratagema, las autoridades han logrado recuperar el cuadro La aparición de Santa Leocadia a San Ildelfonso, valorado en tres millones de euros, que había sido robado el pasado 21 de mayo del hospital del Niño Jesús, en Madrid.

Un generoso cajero regala dinero durante horas en Italia

EFE. LONDRES. Un suceso ha cambiado la vida de los habitantes de Silvi Marina (centro de Italia). Un "generoso" cajero automático de un banco regaló dinero durante el pasado fin de semana a un gran número de clientes.

El suceso se produjo por el error de un empleado, que se había equivocado al cargar el cajero, de manera que entregaba billetes de 100.000 liras en vez de billetes de 50.000. De este modo, las personas que sacaban dinero recibían el doble de dinero sin ver por eso disminuida su cuenta bancaria.

CONTRASTE DEL PASADO [UNIDAD 9]

Ahora fíjate en los verbos que has subrayado y clasifícalos según el siguiente esquema.

Verbos que se refieren al presente.	han logrado
Verbos que se refieren al pasado.	
Verbos que describen la situación en que se producen otras acciones en el pasado.	
Verbos que se refieren a acciones completas en el pasado.	
Verbos que se refieren a acciones anteriores a otras acciones en pasado.	

2 Lee la continuación de las dos noticias y complétalas con los verbos en el tiempo adecuado del pasado.

Ⓐ

El secuestro de Santa Leocadia (continuación)

El ladrón (1. llamar) _____ por teléfono el 26 de mayo al hospital y (2. pedir) _____ 240.000 euros de rescate por el cuadro. Sin embargo, el caco (3. desconocer) _____ que la obra en realidad está valorada en tres millones. El director del hospital (4. realizar) _____ las negociaciones, aconsejado por la policía. «(5. ver, yo) _____ que no (6. ser) _____ un 'profesional' porque (7. llamar) _____ al hospital sin distorsionar la voz. Siempre (8. parecer) _____ muy nervioso», (9. explicar) _____ el inspector de policía Dionisio Martín. Esto y las grabaciones del robo de una cámara de videovigilancia (10. permitir) _____ identificar al autor.

Lo que no (11. saber) _____ el ladrón (12. ser) _____ que la policía le (13. preparar) _____ una trampa irresistible. Una agente de policía (14. ligar) _____ con él, (15. convertirse) _____ en su novia y de esta manera (16. controlar) _____ todos sus movimientos.

El ladrón, relacionado con el mundo de los toros y originario de Guadalajara, (17. dedicarse) _____ a instalar plazas de toros portátiles por los pueblos. Al final, (18. ser) _____ detenido el martes en un bar del número 136 del paseo de las Delicias, en Madrid.

[UNIDAD 9] CONTRASTE DEL PASADO

(B)

Un generoso cajero regala dinero durante horas en Italia (continuación)

La noticia de que el cajero (1. regalar) _____ dinero (2. correr) _____ enseguida entre los habitantes del pueblo y al cajero (3. acudir) _____ un gran número
de personas que (4. estar) _____ deseosas de aprovechar la circunstancia.

Como la equivocación (5. producirse) _____ el viernes, justo antes del cierre del
banco para el fin de semana, sus responsables no (6. tener) _____ oportunidad de
darse cuenta del error.

La propia policía, ante la presencia de una multitud que (7. esperar) _____ turno
ante el cajero, (8. descubrir) _____ lo que (9. pasar) _____ y (10. avisar)
_____ al banco.

Hasta ahora los directivos del banco no (11. hacer) _____ una estimación del
dinero perdido ni (12. decir) _____ si el empleado tendrá que devolverlo.

---

3 Lee el siguiente artículo sobre la vida de Anthony Buck, un diputado
inglés casado con una mujer española (texto adaptado de *El País*), y
transforma los verbos en el tiempo adecuado del pasado.

EL PAIS | *Gente* | 3-10-2003

Sir Anthony Buck, diputado del partido conservador, nacido en 1928,
(1. morir) _____ ayer a los 74 años. El diputado (2. hacerse) _____ triste-
mente famoso a mediados de los años noventa por su matrimonio con la española Bienvenida Pérez. La discreta vida del político (3. cambiar) _____ radical-
mente en 1990 cuando (4. decidir) _____ casarse por segunda vez con
una española 30 años menor que él, Bienvenida Pérez Blanco. Buck se (5. divorciarse) _____ de su primera esposa, la australiana Judy Grant en 1989, con
quien años antes también (6. tener) _____ una hija.

Bienvenida, de origen valenciano, (7. vivir) _____ en Londres con su
madre, que (8. emigrar) _____ cuando ella (9. ser) _____ una niña y
(10. trabajar) _____ como limpiadora de un hospital, aunque ella se (11. presen-
tarse) _____ en sociedad como la hija de un famoso abogado valenciano.

La diferencia de edad –62 y 32 años– no (12. ser) _____ obstáculo para la
relación, aunque enseguida (13. iniciarse) _____ los problemas: él (14. empezar)
_____ a beber y ella (15. comenzar) _____ a pasar mucho tiempo fuera de casa.

CONTRASTE DEL PASADO [UNIDAD 9]

La pareja se (16. divorciarse) _____ tres años después, cuando Buck (17. enterarse) _____ de la relación que (18. mantener) _____ su esposa con el jefe del Estado Mayor de la Defensa, sir Peter Harding, al encontrar en casa unas cartas comprometedoras. Pero el escándalo no (19. salir) _____ a la luz hasta marzo de 1994, cuando el periódico sensacionalista *News of the World* (20. publicar) _____ en primera página fotos de la relación entre Bienvenida y Harding. La española (21. vender) _____ la exclusiva al periódico por 260.000 dólares y (22. fijar) _____ expresamente una cita con Harding en un hotel de Londres para ser fotografiados juntos.

Anthony Buck, que cuando (23. estallar) _____ el escándalo ya no (24. ser) _____ diputado y (25. llevar) _____ varios meses divorciado, (26. revelar) _____ al diario *The Sun* aspectos privados de la vida de Bienvenida y (27. declarar) _____ estar convencido de que (28. tener) _____ varios amantes. Según Buck, un año después de casados, (29. comenzar) _____ a sospechar que su esposa le (30. ser) _____ infiel porque (31. regresar) _____ a altas horas de la noche y (32. llegar) _____ a quedarse embarazada, supuestamente de Harding, aunque al final (33. abortar) _____ .

Anthony Buck se (34. volverse) _____ a casar en 1995 con una profesora armenia, Tamara Norashkaryan, refugiada en el Reino Unido. Y con ella (35. volver) _____ el escándalo, pues en una ocasión Buck (36. tener) _____ que ir al hospital, después de una violenta pelea con Tamara, a quien no (37. llegar) _____ a denunciar, según la prensa de entonces.

4 **En base al texto anterior, completa la siguiente cronología de las relaciones amorosas de Anthony Buck. Incluimos también una segunda columna para la información complementaria (descripciones, hechos menos importantes).**

Cronología	Información complementaria
1989: se divorció de su primera esposa, Judy Grant.	Años antes habían tenido una hija. Tenía 61 años cuando se divorció.
1990: _____	_____

[UNIDAD 9] CONTRASTE DEL PASADO

Cronología	Otros datos
1994:	
1994:	
1995:	

5 **Forma frases con los siguientes elementos:**

a. sus padres / solo / apuntarle a clases de inglés / 5 años / cuando / tener

Cuando sus padres le apuntaron a clases de inglés tenía solo 5 años.

b. acordarse (yo) / esta mañana / mucho / de ti.

c. de la biblioteca / ayer / perder el libro / el otro día / que coger.

d. volver (yo) / invitar (yo) a cenar / cuando / de Cuba / a mis amigos.

e. limpiar (él) / preparar (ella) / mientras / la comida / la casa.

f. cambiar (él) de carácter / tranquilo / pero / ser / con el tiempo / muy.

g. a Canadá / poder trabajar (él) / marcharse (él) / en España / pero / por razones personales.

CONTRASTE DEL PASADO [UNIDAD 9]

6 **Acaba las siguientes frases usando el tiempo adecuado:**

1. Había mucho tráfico...
- ... así que *llegué* (llegar) tarde al trabajo.
- ... y los conductores *estaban* (estar) muy nerviosos.
- ... porque *habían cortado* (cortar) la avenida principal.

a. Cuando subía las escaleras...
- ... (1. perder, yo) _____ el zapato.
- ... (2. sudar, yo) _____ mucho.
- ... (3. cortar, ellos) _____ la luz.

b. Salían de la oficina...
- ... cuando el jefe les (4. llamar) _____ .
- ... cada vez que (5. ir, ellos) _____ a comer fuera.
- ... solo cuando ya (6. terminar, ellos) _____ todo el trabajo.

c. Conocí a Pedro cuando...
- ... (7. irse, tú) _____ a vivir a Londres.
- ... ya (8. irse, tú) _____ a vivir a Londres.
- ... (9. vivir, tú) _____ en Londres.

d. Al llegar a Madrid...
- ... (10. encontrar, nosotros) _____ alojamiento sin problemas.
- ... todos los hoteles (11. estar) _____ llenos.
- ... nos (12. ofrecer, ellos) _____ vivir en casa de unos amigos.

e. Se enamoró de ella...
- ... y _____ (13. irse, ella) a vivir juntos.
- ... porque _____ (14. ser, ella) encantadora.
- ... porque antes _____ (15. vivir, ellos) muchas cosas juntos.

«GAZAPOS»
ERRORES MÁS FRECUENTES EN EL USO DE LOS TIEMPOS DE PASADO EN INDICATIVO

A continuación te presentamos algunos de los errores más frecuentes que suelen cometer los estudiantes de español cuando utilizan los tiempos del pasado.

REFLEXIONA

■ Dos amigas comentan las actividades realizadas por ambas en el día de hoy.

¿~~Viste~~ la tele hoy?

¿Has visto la tele hoy?

■ Una pareja habla cuando se despierta por la mañana.

¿~~Sonaba~~ el despertador esta mañana?

¿Ha sonado el despertador esta mañana?

RECUERDA:

- Se usa el **pretérito perfecto** cuando se hace referencia a acciones terminadas, en un periodo de tiempo que todavía no ha terminado para el hablante.
- Esto es así menos en algunas zonas de España (Galicia, Asturias, Canarias) y en gran parte de Hispanoamérica, donde se utiliza el **pretérito indefinido**:

    ¿Viste la tele hoy?   ¿Sonó el despertador esta mañana?

ERRORES MÁS FRECUENTES [UNIDAD 10]

■ Dos amigos comentan el estado de salud de uno de ellos, que tiene alergia.

Nunca antes ~~tenía~~ esta alergia.

Nunca antes he tenido esta alergia.

■ Una persona ha invitado a un amigo suyo a la casa donde viven sus padres y este amigo le pregunta algo.

¿Cuántos años ~~vivían~~ tus padres aquí?

¿Cuántos años han vivido tus padres aquí?

■ Una persona comenta un deseo que siempre ha tenido (todavía es actual).

Siempre ~~quería~~ trabajar en Francia para conocer mejor ese país.

Siempre he querido trabajar en Francia para conocer mejor ese país.

RECUERDA:

- Se usa el **pretérito perfecto** cuando se hace referencia a acciones realizadas o no realizadas, pero, de alguna manera relacionadas con el momento presente.

[UNIDAD 10] ERRORES MÁS FRECUENTES

■ Una persona habla sobre su vida pasada.

He terminado mis estudios hace tres años.

Terminé mis estudios hace tres años.

He conocido a mi marido en 1995.

Conocí a mi marido en 1995.

RECUERDA:

- Se usa el **pretérito indefinido** cuando se hace referencia a acciones terminadas del pasado, sin relación con el presente.

■ Una persona cuenta algo que le sucedió.

Llamaba a la puerta durante cinco minutos pero sin resultado.

Llamé a la puerta durante cinco minutos pero sin resultado.

■ Una persona comenta algunas actividades de su vida pasada.

Estudiaba inglés varios años.

Estudié inglés varios años.

OBSERVA:

- Se usa el **pretérito indefinido** cuando se hace referencia a acciones terminadas en el pasado, aunque sean duraderas o reiteradas.

ERRORES MÁS FRECUENTES [UNIDAD 10]

■ Una persona habla de su situación en relación con una estancia en Dublín.

Cuando llegué a Dublín ya había hablado inglés.

Cuando llegué a Dublín ya hablaba inglés.

■ Una persona habla de algo que le pasó con otra persona.

Se lo quería decir ayer, pero ya lo había sabido todo antes de que le empezara a hablar.

Se lo quería decir ayer, pero ya lo sabía todo antes de que le empezara a hablar.

RECUERDA:

- Cuando se hace referencia una circunstancia anterior a una acción completa o a otra circunstancia, se usa el pretérito imperfecto.

—PRÁCTICA

1 En las siguientes situaciones, señala la forma errónea y explícala.

a. Dos personas acaban de regresar de sus vacaciones y las comentan.

¿Dónde estabas / has estado estas vacaciones?

Error ⇒ no se puede usar el pretérito imperfecto. El hablante alude a una acción terminada que, sin embargo, tiene relación con el momento presente = pretérito perfecto

b. Un admirador habla de la vida de Greta Garbo.

Y cuando estaba en la cima de su carrera se ha retirado / retiró del cine.

Error: _____

[UNIDAD 10] ERRORES MÁS FRECUENTES

c. Dos alumnos hablan de su profesora al acabar la clase.

La profesora nos *hablaba / habló / estuvo hablando* toda la clase de los resultados de nuestro examen. ⇒ La profesora nos habló / estuvo hablando toda la clase de los resultados de nuestro examen.

Error: _____

_____

d. Una persona habla de su relación actual con su padre.

Mi padre siempre me *animaba / había animado* a aprender música y ahora sé tocar bastante bien la guitarra.

Error: _____

_____

e. Una persona recuerda su relación con su padre durante la infancia.

Me *he llevado / llevé* siempre muy bien con él y hacíamos muchas cosas juntos.

Error: _____

_____

f. Una amiga comenta a otra cómo se encuentra en este momento.

Tengo los ojos cansados porque *he estado / estaba* mucho tiempo delante del ordenador.

Error: _____

_____

ERRORES MÁS FRECUENTES [UNIDAD 10]

2 Corrige los errores de estas frases en las siguientes situaciones.

a. Una persona comenta aspectos de los primeros años en Madrid del director de cine Almodóvar.

> Almodóvar ~~trabajaba~~ varios años como empleado de la compañía telefónica. ⇒ Almodóvar *trabajó* varios años como empleado de la compañía telefónica.

b. Dos compañeros de estudios comentan algo antes de un examen.

> Anoche estudiaba hasta las tres de la mañana. ⇒ _____

c. Una persona habla de sus intereses y aficiones actuales.

> Si te digo la verdad, la ópera nunca me interesó; en cambio, el jazz, muchísimo. ⇒ _____

d. Una persona habla de un deseo que tiene desde hace mucho tiempo.

> Desde siempre quería tener una casa propia y no alquilar pisos todo el tiempo. ⇒ _____

e. Una persona habla de la historia de Dalzel-Job, el auténtico James Bond.

> Dalzel-Job ha viajado mucho por Noruega en compañía de su mujer. ⇒ _____

f. Una persona comenta a otra aspectos de su vida de niño.

> Toda mi infancia la pasaba jugando en la calle con mis amigos. ⇒ _____

SOLUCIONARIO

UNIDAD 1

Reflexiona

1. **a.** Sí; **b.** No.

2. **Regla:** Se usa el pretérito perfecto para referirse a hechos que <u>han terminado</u> / no han terminado en un periodo de tiempo que *ha terminado* / <u>*no ha terminado*</u> para el hablante.

3. **a.** Sí; **b.** Sí.

4. **a.** No; **b.** No.

Practica

1. *He lavado la ropa. He hecho las compras. He tomado un café. He ido al cine. Me he duchado. Me he levantado temprano. He escrito un correo electronico. Me he lavado los dientes. He comido. He hablado por teléfono. He salido de casa. He desayunado. He visto la televisión.*

2. **Respuesta tipo:** *He probado el arroz al horno, un plato de Valencia. He estado en la Costa Brava. He leído «Rayuela». Hemos viajado al norte de Italia. He invitado a cenar a Julián mañana. Marta me ha hecho un regalo sorpresa. Hemos conocido al novio de mi prima. Esta semana he cumplido 30 años.*

3. **2.** *¿Ya has conocido a mi jefe?:* no sabemos si realizada. **3.** *Nunca he trabajado a tiempo completo:* no realizada. **4.** *He trabajado muchísimo esta semana:* terminada. **5.** *La situación de mi país ha mejorado muchísimo en los últimos años:* terminada. **6.** *Mi país ya ha conocido muy bien lo que es la emigración:* realizada.

4. **2.** *Todavía no ha buscado el bañador.* **3.** *Ya ha comprado el diccionario de portugués.* **4.** *Ya ha hecho la maleta.* **5.** *Todavía no ha metido el regalo para Paloma en la maleta.* **6.** *Ya ha terminado de despedirse de la gente.* **7.** *Todavía no ha cenado con Sebas.* **8.** *Todavía no ha cogido el móvil ni el cargador.*

5. **Respuesta tipo:** *¿Ya has cocinado alguna vez un plato italiano? ¿Has ido ya de viaje a algún país exótico? ¿Ya has jugado a las cartas? ¿Ya has apostado dinero? ¿Has cuidado alguna vez de un gato persa?*

Respuesta tipo: *Nunca he visto una película india ni tampoco he viajado a ningún país exótico, pero he cocinado muchas veces comida italiana y también he jugado a las cartas y he apostado dinero. Nunca he cuidado de un gato persa.*

UNIDAD 2

Reflexiona

1. **a.** Sí; **b.** Sí.

2. **Regla:** Se usa el pretérito Indefinido para referirse a hechos que <u>han terminado</u> / no han terminado en un periodo de tiempo que <u>ha terminado</u> / no ha terminado para el hablante.

Practica

1. **1.** Nace el *1 de febrero de 1851*. **2.** Se establece como médico en Tortosa. **3.** Es enviado por el Ayuntamiento de Barcelona a Marsella para *estudiar el cólera*. **4.** Logra *descubrir una vacuna que inmuniza contra el bacilo*. **5.** El 31 marzo de *1885* comunica sus descubrimientos. **6.** Muere el 22 de noviembre de 1929 en *Barcelona*.

2. **Preguntas tipo: 2.** *¿Dónde se estableció como médico?* **3.** *¿Para qué fue enviado a Marsella?* **4.** *¿Qué logró a su vuelta de Marsella?* **5.** *¿Cuándo comunicó sus descubrimientos?* **6.** *¿Dónde murió?*

3. **Respuesta tipo: 2.** *Se estableció como médico en Tortosa.* **3.** *Fue enviado para estudiar el cólera.* **4.** *Logró descubrir una vacuna contra esa enfermedad.* **5.** *Comunicó sus descubrimientos en 1885.* **6.** *Murió en Barcelona.*

4. **1.** *Llenaron;* **2.** *pintó;* **3.** *recorrieron;* **4.** *acudieron;* **5.** *se organizaron;* **6.** *trajo;* **7.** *fue.*

5. **a)** La fiesta de la Tomatina <u>ha terminado</u> / no ha terminado. **b)** Para el periodista, el periodo de tiempo en que tiene lugar la fiesta... <u>ha terminado</u> / no ha terminado.

6. **Respuesta tipo:** *A las diez de la mañana llegaron en masa todos los participantes a la plaza del ayuntamiento. Luego, a las once, se celebró la «cucaña del palo-jabón» y justo una hora después llegaron los camiones cargados de tomates y se dispararon los cohetes que dieron la señal de inicio para la batalla. Entonces se celebró la batalla, que duró una hora. Cada seis minutos desfiló un camión y los miembros de las peñas lanzaron los tomates a los asistentes desde los camiones. A la una se dio la señal para acabar la batalla y una hora más tarde los participantes pudieron pasar a las duchas instaladas por el ayuntamiento para lavarse. Al final, desde las dos hasta las cinco de la tarde, la organización limpió las calles.*

7. –*El sábado* (3) *se cayó* (4) mientras esquiaba y *se rompió* (5) una pierna...
   –Sí, ¿no te acuerdas de que te *llamamos* (6) *la semana pasada* (7) y *te invitamos* (8) *Ø* (9) también a ti?
   –Pues sí, te lo *propusimos* (10) *el jueves* (11) y nos *dijiste* (12) que no podías...
   –Ahora está mejor de ánimo, pero desde el accidente *Ø* (13), no ha parado de pensar en si volverá a poder esquiar...
   –Pues sí, precisamente *ayer* (14) nos *preguntó* (15) por ti...

UNIDAD 3

Reflexiona

1. **2.** Eduardo. **3.** Eduardo. **4.** Ángela. **5.** Eduardo. **6.** Ángela. **7.** Ángela.

2. **2.** La dificultad de hablar inglés: perfecto. **3.** Vida en Francia: indefinido. **4.** Vida en Irlanda: indefinido. **5.** La facilidad para aprender francés en Francia: indefinido. **6.** La etapa de la universidad: indefinido. **7.** Recuerda su aprendizaje del inglés en la escuela: indefinido.

3. **1.** Periodo de tiempo aún no terminado para el hablante: frases número 1 y 3. **2.** periodo de tiempo ya terminado para el hablante: frases número 2 y 4.

4.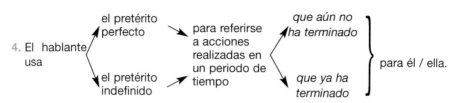

5. Pretérito perfecto: *desde pequeña, nunca.* Pretérito indefinido: *de pequeño, de niño.* Pretérito perfecto e indefinido: *siempre.*

6. **1.** Las acciones acompañadas de expresiones como *desde pequeño/a, desde 2004, desde ayer,* etc se sitúan en un periodo de tiempo que dura hasta el momento presente (*hoy, este mes,* etc.). **2.** Las acciones acompañadas de expresiones como *de niño/a, de joven, de mayor,* se sitúan en un periodo de tiempo ya terminado para el hablante, sin relación con el presente (*el año pasado, ayer,* etc.).

7. **Respuesta tipo: 1. a.** *Desde joven* siempre me ha gustado estudiar idiomas. **b.** *De joven* siempre me gustó estudiar idiomas. **2. a.** *Desde pequeño* nunca he tenido problemas con los idiomas. **b.** *De pequeño* nunca tuve problemas con los idiomas.

Siempre o *nunca* + pretérito perfecto ⇒ Se refieren a acciones que siguen estando vigentes en el periodo de tiempo presente en el que nos encontramos.

Siempre o *nunca* + pretérito indefinido. ⇒ Se refieren a acciones ya terminadas en un periodo de tiempo sin relación con el presente.

Practica

1. **A.** Barcelona *ha recuperado* (1) el tranvía. **B.** *Dispuso* (2) de él entre 1872 y 1971, pero despues *fue eliminado* (3) y sólo *quedó* (4) en funcionamiento el *tranvía azul,* que une la parte alta de la ciudad con el funicular que lleva al parque del Tibidabo. El *tranvía azul* es más atracción que modo de transporte. Pero desde hoy hay un tranvía de verdad. (...) **C.** El anterior Gobierno autonómico de CiU *apostó* (5) por el tranvía porque, entre otras ventajas, no era necesaria una inversión inmediata, ya que *se concedió* (6) a una empresa privada. **D.** (...) Y *llegó* (7) el día de la verdad: el sábado. A las 12.30 un convoy *partió* (8) de Sant Joan Despí hacia Barcelona. Iba lleno de invitados. **E.** Las pruebas de la nueva línea duran ya dos meses y por el momento *ha habido* (9) 21 accidentes. Dos por causas propias (ligeros descarrilamientos sin víctimas) y 19 como consecuencia de la indisciplina en la circulación: coches, camiones y furgonetas *se han estrellado* (10) contra el tranvía y dos personas *han sufrido* (11) heridas graves. (...)

2. **b.** Desde 1872 la línea azul nunca *ha dejado* de funcionar: V. **c.** Durante un siglo Barcelona *contó* siempre con una red de tranvías: V. **d.** Durante los dos meses de prueba la nueva línea nunca *ha tenido* ningún problema: F. **e.** Entre 1872 y 2004 no *se ha inaugurado* nunca ninguna línea nueva de tranvía: V.

3. **Respuesta tipo: b.** *Desde siempre ha habido tranvías.* **c.** *Siempre hemos tenido muchos parques.* **d.** *Nunca ha habido mucha contaminación.* **e.** *Desde siempre ha habido poco tráfico.*

4. **1.** Visité Buñol en 2003. **2.** Estuve en la fiesta de la Tomatina. **3.** Hemos tenido muchísimo trabajo. **4.** Mi madre me ha llamado. **5.** Me he encontrado con Jaime en el metro. **6.** Le conocí en el colegio. **7.** Nací en Madrid en 1975. **8.** Ha vuelto a nevar en Mallorca. **9.** Me quemé con la sartén. **10.** Perdimos 2 a 1 con el Athletic de Bilbao.

UNIDAD 4

Reflexiona

1. Cuando Santi <u>tenía</u> seis años, una chica de Polonia <u>cuidaba</u> de él todos los veranos. <u>Se llamaba</u>..., ¡ah sí!, Natalia. <u>Era</u> muy aficionada a la música. Me acuerdo que muchas veces <u>jugaba</u> solo y ella entonces <u>ponía</u> música, <u>cantaba</u> o <u>tocaba</u> ella misma una guitarra que <u>traía</u>. Nuestra casa <u>era</u> bastante grande, pero recuerdo que siempre <u>se oía</u> la guitarra por toda la casa. Cuando <u>regresaba</u> a su país en septiembre, nuestra casa <u>se volvía</u> muy silenciosa...

2.

¿Cómo se describe a Santi y a Natalia? ¿Y la casa?			¿Qué hacían normalmente Santi o Natalia? ¿Qué solía pasar en la casa?		
Santi	Natalia	La casa	Santi	Natalia	La casa
Tenía 6 años.	Era muy aficionada a la música.	Era bastante grande.	Jugaba solo.	Cuidaba de Santi. Ponía música, cantaba o tocaba la guitarra que traía. Regresaba en septiembre a su país.	Siempre se oía la guitarra.

Practica

1. **Pigmalión:** Hace mucho tiempo, en la Antigua Grecia, existió un poeta llamado Pigmalión que (1) <u>se dedicaba</u> a construir estatuas tan perfectas que solo les (2) <u>faltaba</u> hablar. Cuando ya (3) <u>estaban</u> terminadas, él les (4) <u>enseñaba</u> muchas de las cosas que (5) <u>sabía</u>: literatura en general, poesía en particular, un poco de política, otro poco de música y algunas bromas y chistes para salir adelante en cualquier conversación. Cuando el poeta (6) <u>pensaba</u> que ya (7) <u>estaban</u> preparadas, las (8) <u>contemplaba</u> satisfecho durante unos minutos y, sin ningún esfuerzo, sin ordenárselo ni nada, les (9) <u>hacía</u> hablar. Desde ese instante las estatuas (10) <u>se vestían</u> y (11) <u>se iban</u> a la calle o en la calle o en la casa (12) <u>hablaban</u> sin parar de todo lo que existe. El poeta (13) <u>se sentía</u> satisfecho de su obra y las (14) <u>dejaba</u> hacer, y cuando (15) <u>venían</u> visitas (16) <u>se callaban</u> discretamente, lo cual le (17) <u>servía</u> de descanso, mientras sus estatuas (18) <u>entretenían</u> a todos con las anécdotas más graciosas. Lo bueno era que (19) <u>llegaba</u> un momento en que las estatuas, como suele suceder, (20) <u>se creían</u> mejores que su creador…

2. **1.** Hablar de acciones o hechos habituales del pasado: **X**.

3. **Respuesta tipo:** *Las estatuas no eran serias porque les gustaba mucho bromear. No eran calladas porque cuando salían a la calle hablaban de todo lo que veían. Eran divertidas porque contaban anécdotas graciosas a las visitas. Eran cultas porque sabían de literatura, política, etc. Eran soberbias porque al final se creían mejores que Pigmalión.*

6. PIGMALIÓN (continuación): (1) <u>Pensaban</u> que si ya (2) <u>sabían</u> hablar, ahora solo les (3) <u>faltaba</u> volar, e (4) <u>intentaban</u> hacerlo con toda clase de alas, también las de cera. En ocasiones (5) <u>realizaban</u> un verdadero esfuerzo, (6) <u>se ponían</u> rojas y (7) <u>conseguían</u> elevarse dos o tres centímetros, pero la altura, por supuesto, las (8) <u>mareaba</u>. Entonces, algunas, desanimadas, lo (9) <u>dejaban</u> y (10) <u>se contentaban</u> con poder hablar y marear a los demás. Otras, tercas, (11) <u>seguían</u> intentándolo, y los griegos que (12) <u>pasaban</u> por allí (13) <u>pensaban</u> que (14) <u>estaban</u> locas al verlas dar continuamente aquellos saltos. A veces el poeta (15) <u>se cansaba</u>, les (16) <u>golpeaba</u>, y ellas (17) <u>se caían</u> en forma de pequeños trozos de mármol».

7. Antes: 2. i. Jugábamos en la calle y nos juntábamos 15 o 20 niños. Siempre había un coche abandonado o un perro que adoptábamos entre todos. **Ahora:** Carlos no juega en la calle, salvo si alguien está con él. **3. g. Antes:** Recuerdo un disco de canciones infantiles que alguien me regaló. Me encantaba. **Ahora:** A mi hijo no le gustan las canciones infantiles, sino los éxitos del momento. **4. a. Antes:** Cuando era niña, por mi cumpleaños, llevaba caramelos a clase. **Ahora:** Celebrar un cumpleaños es un evento social: invitación, merienda en un parque y café para los padres. Alba ya lleva cuatro fiestas este curso. **5. j. Antes:** En mi clase éramos todos españoles. **Ahora:** En la clase de Carlos del año pasado había dos chilenos, un uruguayo y dos marroquíes. **6. h. Antes:** En la escuela me hacían aprender las cosas de memoria, de carrerilla. **Ahora:** Ahora hacen entender las cosas, van relacionando conceptos de una a otra materia. **7. d. Antes:** La televisión era más formativa, con programas pensados para los niños. **Ahora:** Hay muchos dibujos que no son para niños. Hay más anuncios que programas y lo peor es que se los sabe todos de memoria. **8. f. Antes:** La maestra era una señora con la que nunca tuve una relación cercana: llegaba, explicaba y se iba. **Ahora:** Mi hija ha tenido buena relación con todos sus profesores. Este acercamiento es positivo, pero hace más difícil marcar los límites. **9. e. Antes:** La relación entre padres e hijos era menos natural. Antes había más tabúes, como la religión o el sexo. **Ahora:** Ahora con los niños se puede hablar de todo. Nuestros padres no nos contaban tantas cosas. **10. b. Antes:** Mis juguetes favoritos eran un piano, la goma, la cuerda y la muñeca *Nancy*. **Ahora:** Alba tiene muchos juguetes, demasiados. Pero los usa diez minutos y se cansa.

9. Respuesta tipo para fotografía 3: nombre: Miguel; **familia:** un hermano más pequeño; **físico:** moreno / pequeño; **carácter:** gracioso / travieso; **lugar de residencia** (nombre del lugar): Madrid; **gustos, aficiones:** columpiarse / jugar con su perro / ver los dibujos animados; **manías:** nunca se acuesta con la luz apagada / le gusta vestirse solo.

10. Respuesta tipo: *Se llamaba Miguel. Tenía un hermano más pequeño. Era moreno y pequeño y de carácter era gracioso y travieso. Vivía en Madrid. Le encantaba columpiarse, jugar con su perro y ver los dibujos animados. Tenía dos manías: nunca se acostaba con la luz apagada y le gustaba vestirse solo.*

UNIDAD 5

Reflexiona

1. **a.** Sí; **b.** Sí.

2. **a.** Sí; **b.** No.

3. 1. b. Manuel González, vio cómo una «gran» bola de fuego **se estrelló** en un bosque. La bola de fuego se estrelló en un bosque y Manuel González lo vio todo hasta el final. **2. a.** Manuel González vio cómo una «gran» bola de fuego **se estrellaba** en un bosque. Manuel González vio una bola de fuego estrellándose en un bosque.

Practica

1. **Respuesta tipo: 2.** El primer minuto del último Año Nuevo: *Estaba con mi familia.* **3.** La última vez que te han llamado por teléfono: *Estaba haciendo la compra.* **4.** El día que conociste a tu pareja o un amigo/a muy bueno/a: *Estudiaba en una biblioteca.* **5.** La última vez que te dio un ataque de risa: *Mi primo me estaba contando un chiste muy bueno.* **6.** La última vez que perdiste el tren / el autobús / el avión: *Me iba de vacaciones a la playa.* **7.** La última noche que pasaste en vela: *Tenía un examen muy importante.*

2. **Cuando era pequeño siempre quise...** *aprender a tocar el piano, conocer a mi cantante preferido, tener un caballo, actuar en una película de ciencia-ficción;* **siempre quería...** *quedarme viendo la tele hasta muy tarde, montar en bicicleta, comer mi plato preferido.*

4. **1.** Trabajé. **2.** Hablamos. **3.** Bailamos. **4.** Tomamos.

5. **a.** (1) *vivía.* **b.** (2) *se salió;* (3) *se perdió;* (4) *empezó;* (5) *llegó.* **c.** (6) *tenía;* (7) *morían;* (8) *animaban;* (9) *se veían;* (10) *continuaban;* (11) *tocaba;* (12) *caían;* (13) *pensaban;* (14) *iba;* (15) *morían;* (16) *recogía;* (17) *escribía;* (18) *era;* (19) *era.* **d.** (20) *siguió;* (21) *(llegó)* (22) *hizo.* **e.** (23) *pensó.*

6. **Hechos principales (acciones completas):** *atracan; es atracado; abordan; amenazan; quitan, llevan a cabo.* **Circunstancias (acciones sin principio ni fin):** *se dirige; tiene lugar; contiene; se encuentra.*

7. **Resumen del suceso:** a. (1) *atracaron;* (2) *se dirigía;* (3) *tenía lugar;* (4) *fue atracado;* (5) *abordaron;* (6) *amenazaron;* (7) *quitaron;* (8) *contenía;* (9) *llevaron a cabo;* (10) *se encontraba.*

8. **a.** (1) *caminaba;* (2) *era;* (3) *había;* (4) *vio;* (5) *pensó;* (6) *se acercó;* (7) *quitó;* (8) *empezó;* (9) *gritaba;* (10) *seguía;* (11) *comenzaron;* (12) *salió;* (13) *vieron;* (14) *decidieron;* (15) *gritaban;* (16) *corrían;* (17) *eran;* (18) *podía;* (19) *separaban;* (20) *estaba;* (21) *subió;* (22) *gritaba;* (23) *siguió;* (24) *llegó;* (25) *se agarró;* (26) *se rompió;* (27) *se soltó;* (28) *empezó;* (29) *gritó.*

b. (1) *interrogaba;* (2) *preguntó;* (3) *se metió;* (4) *robó;* (5) *se fue;* (6) *regresó;* (7) *se llevó;* (8) *contestó;* (9) *estaba;* (10) *pensé.*

UNIDAD 6

Reflexiona

1. **a.** Sí; **b.** Sí.

2. **2.** *Resultó-había enseñado, ya.* **3.** *Costó-había vivido, todavía no.* **4.** *Tuve-había dado.* **5.** *Estaba-había estudiado, la pasada noche.*

3. **2.** *Había enseñado.* **3.** *Había vivido.* **4.** *Había dado.* **5.** *había estudiado.* Todas estas acciones son anteriores a los verbos *resultar, costar, tener* y *estar,* respectivamente.

4. Regla: Usamos el pretérito pluscuamperfecto para hablar de acciones pasadas <u>completas</u> / no completas, <u>anteriores</u> / posteriores a otras acciones pasadas.

5. *El día anterior, ya, todavía no, la pasada noche,* etc., son expresiones temporales que algunas veces acompañan al pretérito pluscuamperfecto y que señalan la anterioridad de unas acciones frente a otras en pasado.

Practica

1. **2**-a; **3**-e; **4**-b; **5**-d.

2. 2. meter goles ⇒ poner la tele.
   3. nevar ⇒ salir a la calle.
   4. salir de casa ⇒ llamar.

3. **2.** Llamó a una agencia de viajes para reservar, pero ya habían vendido todos los billetes. **3.** Les propusimos ir a comer juntos, pero ya habían comido y no tenían ganas de comer. **4.** Me cogí un resfriado porque no me había abrigado al salir de casa.

4. **2.** e; **3.** a; **4.** b; **5.** d.

5. **1.°** a; **2.°** d; **3.°** b; **4.°** c; **5.°** e.

6. **Respuestas tipo: 2.** *Dar vueltas alrededor de la Tierra:* En 1962 Glenn dio tres vueltas a la Tierra, pero un año antes Gagarin ya había dado una vuelta a la Tierra. **3.** *Realizar un paseo espacial:* En junio de 1965 White fue el primer estadounidense en dar un paseo espacial, pero meses antes el soviético Leonov ya había dado uno. **4.** *Tener un accidente:* En abril de 1967, el cosmonauta Komarov tuvo un accidente mortal, pero en enero de ese año, la nave *Apolo* ya había sufrido un trágico accidente. **5.** *Llevar a cabo un alunizaje:* En julio de 1969 la misión *Apolo 1* efecuó el primer desembarco humano en la Luna, pero en 1966 una sonda soviética ya había logrado el primer alunizaje.

UNIDAD 7

Reflexiona

1. ...<u>volvió</u> ayer muy tarde y que como <u>está</u> muy cansado del viaje, no <u>irá</u> <u>contigo</u> al concierto.

2. **Pronombres:** *con ella* ⇒ *contigo.* **Personas de los verbos:** *volví* ⇒ *volvió; estoy* ⇒ *está; iré* ⇒ *irá.*

3. **Tiempos verbales:** *volví* ⇒ *había vuelto: pretérito indefinido* ⇒ *pluscuamperfecto; estoy* ⇒ *estaba: presente* ⇒ *imperfecto; iré* ⇒ *iría: futuro* ⇒ *condicional.*

4. **a.** No; **b.** Sí.

5. **Regla:** Cuando reproducimos las palabras de otras personas, <u>sólo</u> cambiamos los tiempos verbales si tales palabras se han dicho en una unidad de tiempo pasada, ya terminada (*ayer, la semana pasada*, etc).

Practica

1. A) (1) *la hemos terminado;* (2) *empaquetamos;* (3) *nos queda;* (4) *veremos;* (5) *nos vamos;* (6) *nos ha escapado.* **B)** (1) *la habían terminado;* (2) *habían empaquetado;* (3) *les quedaba;* (4) *verían;* (5) *se iban;* (6) *les había escapado.*

2. Respuesta tipo: 1. Woody Allen dijo que, junto con el cine y el baloncesto, la música era una de sus pasiones y añadió que la que más le gustaba la incluía siempre en sus películas: *ragtime, soul, jazz* y *blues.* **2.** Explicó que no negaba la importancia del dinero, que con él comprabas muchas cosas. Comentó que había una o dos barreras que no podía pasar, pero que el 80% de lo que necesitaba lo tenía gracias al dinero. **3.** También dijo que solo tenía un lujo: coche con chófer y que la última cosa material a la que renunciaría era a tener un coche con chófer. **4.** Comentó también que él solo podía vivir en Nueva York, que había vivido en el mismo piso al lado de Central Park durante treinta años y en aquel momento había aceptado vivir en un chalet, pero que nunca dejaría Nueva York. **5.** También explicó que se consideraba un hombre muy feliz y que le parecía increíble estar enamorado de una mujer mucho más joven que él, que no compartía con él las mismas referencias y no había visto la mayoría de sus películas ni le interesaban particularmente.

3. a. Woody Allen dijo que solo existían dos cosas importantes en la vida: la primera era el sexo y de la segunda no se acordaba. **b.** Dijo que el miedo era su compañero más fiel y que jamás le había engañado para irse con otro. **c.** Dijo que en su casa mandaba él, pero que su mujer tomaba las decisiones. **d.** Dijo que la vocación del político sería siempre hacer de cada solución un problema. **e.** Dijo que de pequeño había querido tener un perro, pero que sus padres eran pobres y sólo habían podido comprarle una hormiga. **f.** Dijo que lo que más odiaba era cuando le pedían perdón antes de pisarle.

UNIDAD 8

Practica

1. b. Pretérito imperfecto. **c.** Pretérito pluscuamperfecto. **c.** Pretérito indefinido.

2. 2. *Ayer / anteayer...* pretérito indefinido; **3.** *de niño...* pretérito imperfecto; **4.** *antes...* pretérito pluscuamperfecto.

3. a. (1) *Saliste;* (2) *volviste.* **b.** (3) *Ha terminado;* (4) *he cambiado;* (5) *he visto.* **c.** (6) *tocó;* (7) *salió;* (8) *fue;* (9) *se quemó;* (10) *acabamos.* **d.** (11) *Has estado;* (12) *ha enviado.*

4. Momentos de acción: *se baja; se arrodilla; coge; besa; abre; mira; se da cuenta; se llena; se abren; ofrece; ayuda; se da cuenta.* **Momentos de descripción:** *está; tiene; es; está; está; tiene; se ve; son; se levanta; hay; está.*

La bella durmiente: *vio; dormía; se bajó; se arrodilló; cogió; estaba; tenía; besó; abrió; miró; se dio cuenta; era; estaba; estaba; se llenó; se abrieron; tenía; se veía; habían perdido; eran; ofreció; ayudó; se levantaba; se dio cuenta; había; había despertado; estaba.*

5. Respuesta tipo: 2. *Fui a la tienda, había mucha gente y cuando estaba haciendo la cola no encontraba el monedero.* **3.** *Mi marido, tenía mucha prisa, empezó a ducharse, pero de repente se quedó sin agua y llegó tarde al trabajo.* **4.** *Pepe estaba* de camping, era de noche y estaba solo, ¡y de repente vio aterrizar un ovni! **5.** Mike y Sarah se fueron de vacaciones a España, hacía buen tiempo, conocieron a gente nueva, visitaron sitios interesantes y se enamoraron del país.

6. **Respuesta tipo: Estudios:** *Asturias ya ha había terminado sus estudios y Neruda los había empezado.* **Inicio de la creación poética:** *Neruda ya había iniciado su obra poética, pero Asturias todavía no.* **Trabajos de diplomático:** *Neruda ya había empezado a trabajar como diplomático pero Asturias todavía no.* **Matrimonios:** *Los dos se habían casado ya.* **Otras actividades literarias:** *Asturias ya había fundado una revista radiofónica y Neruda ya había conocido a García Lorca.* **Visita a la URSS:** *Los dos ya habían visitado la Unión Soviética.* **Premios:** *Ninguno de los dos había recibido todavía el premio Nobel.* **Fallecimiento:** *Todavía no había muerto ninguno de los dos.*

UNIDAD 9

Practica

1. Una mujer policía <u>se hizo</u> novia del ladrón... y eso <u>permitió</u> controlar todos sus movimientos. Gracias a esta estratagema, las autoridades <u>han logrado</u> recuperar el cuadro *La aparición de Santa Leocadia a San Ildefonso,* valorado en tres millones de euros, que <u>había sido robado</u> el pasado 21 de mayo del hospital del Niño Jesús, en Madrid.

Un suceso <u>ha cambiado</u> la vida de los habitantes de Silvi Marina (centro de Italia). Un «generoso» cajero automático de un banco <u>regaló</u> dinero durante el pasado fin de semana a un gran número de clientes. El suceso <u>se produjo</u> por el error de un empleado, que <u>se había equivocado</u> al cargar el cajero, de manera que <u>entregaba</u> billetes de 100.000 liras en vez de billetes de 50.000. De este modo, las personas que <u>sacaban</u> dinero <u>recibían</u> el doble de dinero sin ver por eso disminuida su cuenta bancaria.

Se refieren al periodo de tiempo presente: *han logrado; ha cambiado.*

Se refieren al periodo de tiempo pasado: *se hizo, permitió, había sido robado; regaló; se produjo; se había equivocado; entregaba; recibían; sacaban.*

Describen la situación en que se producen otras acciones en el pasado: *entregaba; recibían; sacaban.*

Se refieren a acciones completas en el pasado: *se hizo, permitió; han logrado; había sido robado; ha cambiado; regaló; se produjo; se había equivocado.*

Se refieren a acciones anteriores a otras acciones en el pasado: *había sido robado; se había equivocado.*

2. **A.** (1) *Llamó;* (2) *pidió;* (3) *desconocía;* (4) *realizó;* (5) *vi;* (6) *era;* (7) *llamaba;* (8) *parecía;* (9) *explicó;* (10) *permitieron;* (11) *sabía;* (12) *era;* (13) *había preparado;* (14) *ligó;* (15) *se convirtió;* (16) *controlaba;* (17) *se dedicaba;* (18) *fue.*

B. (1) *Regalaba;* (2) *corrió;* (3) *acudió,* (4) *estaban;* (5) *se produjo;* (6) *tuvieron;* (7) *esperaba;* (8) *descubrió;* (9) *pasaba;* (10) *avisó;* (11) *han hecho;* (12) *han dicho.*

3. (1) *Murió;* (2) *se hizo (se había hecho);* (3) *cambió;* (4) *se decidió;* (5) *se había divorciado;* (6) *había tenido;* (7) *vivía;* (8) *había emigrado;* (9) *era;* (10) *trabajaba;* (11) *se pre-*

sentaba; (12) *era;* (13) *se iniciaron;* (14) *empezó;* (15) *comenzó;* (16) *se divorció;* (17) *se enteró;* (18) *mantenía;* (19) *salió;* (20) *publicó;* (21) *vendió / había vendido;* (22) *fijó / había fijado;* (23) *estalló,* (24) *era;* (25) *llevaba;* (26) *reveló;* (27) *declaró;* (28) *tenía;* (29) *comenzó;* (30) *era;* (31) *regresaba;* (32) *llegó;* (33) *abortó;* (34) *volvió;* (35) *volvió;* (36) *tuvo;* (37) *llegó.*

4. **Respuesta tipo: 1990:** Se casó con Bienvenida Pérez. *Se había divorciado un año antes de otra mujer. Bienvenida era 30 años menor que él.* **1993:** Se divorció de Bienvenida. *Había descubierto que su esposa le había engañado con otro.* **1994:** Salió a la luz el escándalo de las relaciones de Bienvenida. *Bucka ya no era diputado y llevaba varios meses divorciado.* **1995:** Se volvió a casar por tercera vez. *Su mujer era una profesora armenia.*

5. **b.** *Esta mañana me he acordado mucho de ti.* **c.** *Ayer perdí el libro que cogí / había cogido el otro día de la biblioteca.* **d.** *Cuando volví de Cuba, invité a cenar a mis amigos.* **e.** *Limpiaba / Limpié la casa mientras ella preparaba la comida.* **f.** *Era muy tranquilo, pero con el tiempo cambió de carácter.* **g.** *Podía trabajar en España, pero por razones personales se fue a Canadá.*

6. **a.** (1) *Perdí;* (2) *sudaba;* (3) *cortaron.* **b.** (4) *Llamó;* (5) *iban;* (6) *habían terminado.* **c.** (7) *Te fuiste;* (8) *te habías ido;* (9) *vivías.* **d.** (10) *Encontraron;* (11) *estaban;* (12) *ofrecieron.* **e.** (13) *Se fueron;* (14) *era;* (15) *habían vivido.*

UNIDAD 10

Practica

1. **b. un admirador de Greta Garbo...:** Error: *en la situación se alude a acciones terminadas, pero que ya no tienen relación con el momento presente. No se puede usar el pretérito perfecto.* **c. dos alumnos...:** Error: *en la situación se alude a acciones duraderas, pero ante todo son acciones terminadas no se puede usar el pretérito imperfecto.* **d. una persona habla...:** Error: *en la situación se alude a una acción reiterada, pero está terminada y además es actual. No se puede usar el pretérito imperfecto.* **e. una persona recuerda...:** Error: *en la situación se alude a una acción terminada sin relación con el presente. No se puede usar el pretérito perfecto.* **f. una amiga...:** Error: en la situación se alude a una acción duradera, pero está terminada y relacionada con el momento presente del habla. *No se puede usar el pretérito imperfecto.*

2. **b.** Anoche estudiaba hasta las tres de la mañana. ⇒ *Anoche estudié hasta las tres de la mañana.* **c.** Si te digo la verdad, la ópera nunca me interesó; en cambio, el jazz, muchísimo. ⇒ *Si te digo la verdad, la ópera nunca me ha interesado; en cambzio, el jazz, muchísimo.* **d.** Desde siempre quería tener una casa propia y no alquilar pisos todo el tiempo. ⇒ *Desde siempre he querido tener una casa propia y no alquilar pisos todo el tiempo.* **e.** Dalzel-Job ha viajado mucho por Noruega en compañía de su mujer. ⇒ *Dalzel-Job viajó mucho por Noruega en compañía de su mujer.* **f.** Toda mi infancia la pasaba jugando en la calle con mis amigos. ⇒ *Toda mi infancia la pasé jugando en la calle con mis amigos.*